Entre Mujeres
¿Amigas o Enemigas?

Gladys Morales-Smith

DEDICACION

A mi esposo, amigo y compañero, Richard. A mi madre Aurora, Héctor mi padre ambos con su amor y dedicación me enseñaron a seguir mis sueños. Mis abuelos maternos, Margarita ,(Mamaíta) la abuela linda y Arnaldo (Nono), mi abuelo quien disfrutaba engreír a mis hermanas y a mi. El buen amor de ellos ha sido mi inspiración para buscar y creer en la posibilidad de un mundo mejor.

Tabla de Contenido

Introducción

Los esfuerzos reivindicatorios de la mujer en los últimos 150 años han hecho posible que el elemento femenino tenga una mayor presencia real y activa en todos los niveles de la sociedad moderna. Especialmente en el campo laboral, las féminas han avanzado en forma fenomenal gracias a las leyes y reconocimiento de su capacidad y esfuerzo. Estos avances muchas veces se ven eclipsados por las mismas mujeres quienes con su comportamiento competitivo, defensivo y poco solidario, especialmente con sus similares en el trabajo, crean todo un ambiente desfavorable que en última instancia afecta la productividad y armonía de una oficina, un taller o una entidad gubernamental. En el ámbito social, esa competencia poco constructiva se refleja en acciones incomprensibles donde en vez de unirse por una causa común siempre están en contrapunto. El hogar es otro campo en donde las relaciones de mujeres muchas veces son devastadoras para la armonía y desarrollo del núcleo familiar que es el eje de toda sociedad.

El presente libro es el resultado de varios años de investigación y toda una vida de experiencias como periodista y diplomática en centros laborales en diferentes países. Y, como estudiosa de la condición femenina, siempre he tenido en mente la observación del comportamiento femenino en el hogar, el trabajo y entorno en general. Las mujeres en su mayoría, somos más competitivas que los hombres y, a diferencia de éstos, no llegamos a mantener un nivel básico de solidaridad y respeto entre nosotras.

De ahí el esfuerzo de ofrecer el presente trabajo, el cual responde a la necesidad de contribuir a un mayor conocimiento del tema y propiciar en las mujeres una seria reflexión respecto al comportamiento negativo que desarrollan entre sí, y los terribles efectos que ello produce al limitar su capacidad de progreso y que en última instancia contribuye a que la sociedad en general siga en el caos, injusticia y violencia en la cual vivimos.

En el transcurso del presente libro se ofrecen alternativas para cambiar la situación existente y que el aporte de la mujer a la sociedad sea positivo, propiciando que ésta actúe de manera solidaria y comunitaria con sus similares manteniendo siempre el reconocimiento a la individualidad y capacidad de sus semejantes. Siguiendo esta línea de pensamiento se multiplicarán sus aportes hacia una mundo más justo y armónico.

Realísticamente, de la forma en que hoy se desenvuelve, salvo honrosas excepciones, la mujer no ha aportado un cambio sustancial en las relaciones humanas . Considero que esa situación es el resultado de diversos aspectos que contribuyen a esa autodestructiva actitud en donde los medios de comunicación han jugado un rol importante en moldear una imagen distorsionada de lo que realmente significa una mujer independiente y solidaria, fruto de luchas y esfuerzos de millones de mujeres en el pasado. Por el contrario los medios difunden patrones en donde el narcisismo, egoísmo, enfrentamiento, la competencia y deslealtad , entre otras, son las características que nutren la inspiración de las mujeres del siglo XXI.

En este sentido, es oportuno llamar la atención de las interesadas: las mujeres; quienes con una actitud positiva y mejor autoestima pueden ir borrando esa idea errada de lo que significa ser realmente una mujer liberada, independiente y solidaria.

Así, el presente libro evalúa la situación en que vivimos y da pautas para erradicar esta negativa imagen de la mujer en el hogar, centro de trabajo y en la vida diaria en general.

Es oportuno indicar que "Entre Mujeres, ¿Amigas o Enemigas?, reconoce que si bien en el pasado se han escrito manuales dando consejos de cómo portarse bien en "sociedad", en ellos no se ha tocado directamente el problema de las buenas maneras entre las propias mujeres. La ausencia de pautas de comportamiento entre las féminas se ha tomado como normal y, no existiendo un marco de referencia, se asume no debe haber remordimiento cuando entre ellas se hagan daño, se falten el respeto y estén siempre en conflicto. En tal sentido, de nada vale que la mujer tenga más acceso a la educación, al trabajo, al poder político si en esencia sigue viendo a la sociedad de una manera desigual en cuanto al trato con sus pares mujeres y al que ella debe dar al hombre.

Igualmente, es objetivo de este libro evaluar cómo el lenguaje, la moda, la educación, la herencia de costumbres y mitos hacen que sea difícil erradicar este comportamiento erróneo de la mayoría de mujeres en la sociedad moderna, por ello debemos reflexionar en cuanto a cómo hablamos, cómo nos vestimos, qué comunicamos con nuestro comportamiento y cómo vemos el medio en que nos desplazamos.

Asimismo, a través del presente trabajo se trata de llamar la atención respecto a cómo las leyes, las cuotas de presencia laboral en el mundo productivo se ven eclipsados cuando las supuestas beneficiadas (las mujeres), en vez de trabajar por un objetivo común desperdician sus energías en enfrentamientos vanos entre ellas mismas. Es más, la producción, la imagen de una institución se ven afectadas por la actitud de muchas mujeres que llevan a sus centros de trabajo el prejuicio y la intriga en el que han crecido y se desenvuelven. Así, las oficinas o los talleres compuestos mayoritariamente por mujeres se convierten en campos de batalla en donde la confrontación y mala voluntad priman. En países como Canadá o Estados Unidos el tema ha llamado la atención de las autoridades laborales, pues están realizando estudios en donde se trata de buscar las razones y soluciones para que la mujer sea más profesional cuando trata con otra mujer y que no sabotee la labor de sus compañeras con intrigas o actitudes negativas.

Al final de la lectura del presente libro, se podrá tener una visión más amplia de lo que significa ser mujer en el siglo XXI. Y, al poner en práctica las sugerencias que se ofrecen, se logrará desterrar erráticos comportamientos entre mujeres, así como infructuoso enfrentamiento que nos siguen limitando en el logro de la meta común que es el de un mundo mejor y más equilibrado.

En resumen podemos decir que del conocimiento de nosotras mismas, de nuestra autoestima depende el ser tomadas en serio y con respeto. De ahí la elaboración de este libro el cual busca llamar la atención respecto a un fenómeno que no sólo hace daño a las mujeres, sino a la sociedad en general. Por ello el esfuerzo de ofrecer pautas y marcos de referencia para erradicar la innecesaria agresión entre la mayoría de mujeres.

Gladys Morales-Smith

Capítulo I

¿Existen buenas maneras entre mujeres?

De acuerdo a mis observaciones, muchas mujeres no tratan a otras mujeres con buenas maneras. Aparentemente hay pocos ejemplos escritos u orales en donde se establecen pautas que sirven de marco de referencia para el trato entre féminas. Es bueno recordar que el tema de las buenas maneras ha sido y es hasta hoy en día subestimado al asignársele una connotación meramente superficial. La historia demuestra lo contrario, pues este aspecto del comportamiento humano es un elemento fundamental en el desarrollo armónico de toda sociedad. Específicamente entre mujeres, las buenas maneras ha sido un tema casi ignorado lo cual ha ahondado los tradicionales problemas de integración del elemento femenino a la sociedad. Hoy en día con el incremento de la presencia femenina en el campo laboral, el maltrato entre mujeres -especialmente en los centros de trabajo- es preocupante por lo que las buenas maneras es un tema vigente y urgente de investigación por parte de expertos . El problema es grave y tiene raíces muy profundas.

Históricamente se tiene conocimiento de la falta de empatía, enfrentamiento, y la competencia insana como ingredientes principales en las relaciones de las féminas. Pocas veces se da cuenta de casos donde dos mujeres se apoyan o reflejan confianza en sus similares. Si bien existieron excepciones, éstas quedaron en el olvido. Por el contrario, la historia esta llena de casos de recelo, infidelidad , traición como características comunes en las relaciones de mujeres . En el presente, nuevas generaciones con todas las reivindicaciones conseguidas todavía mantienen esos antiguos y cuestionables patrones de comportamiento entre miembros de su mismo sexo.

¿Cómo erradicar esas actitudes que dividen y destruyen los esfuerzos desplegados hasta ahora para lograr un elemento femenino capaz de favorecer, -mediante su comportamiento-, al florecimiento de sociedades armónicas y equitativas? Considero que para lograrlo se requiere una mayor conciencia de género basada en información idónea al igual que cambios sustantivos de actitudes milenarias que sólo han logrado ahondar los tradicionales problemas femeninos, así como los de la humanidad en general. Por ello, una nueva manera de actuar entre las mujeres será el paso inicial para lograr los objetivos desdibujados en las leyes y acuerdos internacionales que propician la igualdad y justicia universal.

Tenemos que reconocer que en el mundo de principios del siglo XXI todavía las mujeres tienen actitudes y maneras muy reñidas con el respeto al ser humano pues cuando se trata de otras mujeres, especialmente cuando un interés común las une, llámese trabajo, parentesco o la disputa de un hombre el enfrentamiento es el ingrediente principal en sus relaciones. De ahí la importancia del trato amable y armónico como regla natural básica. Pero ¿ es eso posible? Sí lo es siempre y cuando la mujer tenga una mayor autoestima que se refleje en el respeto a sus similares.

Capitulo 2

Cortesía, etiqueta, algo de historia

Haciendo un breve recuento, podemos decir que en el lenguaje cotidiano, el término etiqueta ha identificado ese conjunto de reglas y usos que caracterizan las formas adecuadas en nuestra relación con el prójimo y que ha determinado comportamientos encaminados a dar cierta uniformidad a conceptos básicos que caracterizan las relaciones interpersonales. No puede ignorarse otro término muy usado en el castellano propio, cual es la cortesía como característica común del comportamiento adecuado entre sus semejantes y que, –debido al origen patriarcal del idioma español-, es asignado prioritariamente a los hombres mas no a las mujeres.

Resulta oportuno mencionar que el término etiqueta, identificado con la práctica de las buenas maneras, se deriva de la palabra francesa "ettiquette" la cual significa rótulo o aviso y se refiere a la costumbre iniciada a comienzos de las monarquías europeas cuando, a la entrada de los palacios se ponía un aviso especificando la vestimenta y quienes estaban invitados al evento; hoy en día su connotación es mucho más amplia.

Específicamente,   los orígenes del término se remontan a cuando, durante el reinado de Luís XIV en Francia,   se estableció la costumbre de colocar un cartel (ettiquette) indicando las reglas a seguir por los invitados durante los eventos convocados por el monarca y su corte. Así esta costumbre fue extendiéndose a ciertas formas básicas de maneras en las reuniones sociales las cuales denotaban la pertenencia a una clase social "por encima del común de las gentes". Posteriormente, en   el siglo XIX la revolución industrial originó el florecimiento de las grandes urbes donde la dinámica social trajo nuevos miembros a la clases económicamente más favorecidas quienes necesitaban consejos para integrarse a la elite tradicional de su medio. En Estados   Unidos de Norteamérica,   por ejemplo,   una ola de inmigrantes europeos de modestos recursos ascendió socialmente gracias a su triunfo en los negocios, pero estos "nuevos ricos" carecían de conocimiento respecto al comportamiento y relaciones sociales. Tal situación dio lugar a la proliferación de manuales escritos tanto por hombres como mujeres tratando de decir que era o no era lo apropiado para ser aceptado en las altas esferas de su entorno. Un ejemplo de tal afirmación es un extracto del siguiente prólogo:

"Estas páginas han sido preparadas para aquéllos que buscan auto-mejorar en su aspecto exterior y desean incrementar su conocimiento en cuanto a temas de trato social. No ha sido escrito para aquéllos que han sido entrenados en el mejor uso de la sociedad desde su infancia; no para aquellos que han aprendido buenas maneras al mismo tiempo que el alfabeto, pero para aquellos menos favorecidos, de ambos sexos en nuestra tierra, aquéllos que son deseosos de obtener un conocimiento de la etiqueta que rige la relación social y están deseosos de cultivarse en trato como buenas maneras. "Manual de Etiqueta", Daisy Eyebright. 1897.

No podemos dejar de mencionar el "Manual de Carreño", cuyo título original era:

"Manual de urbanidad y buenas maneras para uso de la juventud de ambos sexos en el cual se encuentran las principales reglas de civilidad y etiqueta que deben observarse en las diversas situaciones sociales", publicado en 1853 por el educador venezolano Manuel Antonio Carreño, quien en su libro -de amplia aceptación en Latinoamérica- , repite los conceptos tradicionales de sus similares europeos o estadounidenses. Es interesante resaltar que en el largo título hace mención a la "juventud de ambos sexos", probablemente teniendo en cuenta a su hija, la famosa pianista Teresa Carreño a quien el educador dedicó gran parte de su vida promocionando las cualidades artísticas de ésta a nivel internacional.

El siglo XX estuvo marcado por el libro de Emily Post "Etiqueta, el libro azul de uso social", publicado por primera vez en 1922, quien en su primer capitulo "El verdadero significado de Etiqueta" afirma ..." Es un hecho, no hay una sola cosa que no hagamos, digamos, escojamos o usemos, o mismo que pensemos que no siga (o rompa) una de las exigencias de gusto, tacto , ética o buenas maneras, o etiqueta, que nos haga desearla (o traerla a colación)..."

Es oportuno resaltar que si bien se le ha dado al tema de la cortesía una connotación superficial, ésta ha permitido el desarrollo de relaciones armónicas en la sociedad que es requisito indispensable para la aplicación y éxito de políticas justas e equitativas entre hombres y mujeres de cualquier sociedad. Porque, partiendo de una lógica simple ¿cómo se puede esperar respeto por las leyes que protejan a las mujeres, si éstas no se ven entre si como seres humanos dignos de igualdad y respeto?. La cortesía, el buen trato entre las personas sin distinción de sexo es piedra angular en toda sociedad que busca justicia y equidad.

Volviendo al tema motivo del presente libro, si bien las buenas maneras (en los siglos XIX y XX) eran generalmente relacionadas con las elites emergentes, también estos manuales propiciaban comportamientos típicos o tradicionales en relación al género. Estos tratados se referían al comportamiento "adecuado" del hombre o la mujer en relación a su contrario. Así se decía por ejemplo una dama no puede hablar de tal o cual asunto frente a un varón. Pocas veces o casi nunca se aconsejaba cómo debía ser el trato entre mujeres ya sea como amigas, compañeras de trabajo o como familiares. Los movimientos reivindicatorios de las mujeres en los siglos XIX y XX trajeron nuevos cuestionamientos, enfatizando la relación hombre-mujer, mas no la de mujeres entre si. No se cuestiona la existencia de avances en cuanto a formación de organizaciones feministas que buscaban objetivos comunes en cuanto a un mejor trato de la sociedad hacia ellas, pero muchas olvidaron cómo se trataban entre si. Es innegable que mujeres más conscientes de su esencia y realidad han marcado el paso a sus similares en el último siglo, pero los avances son pocos. De esta situación surge la necesidad de buscar nuevos modelos de mujeres más solidarias y con una visión más amplia de su rol en la sociedad, sólo entonces podremos avizorar sociedades más equitativas y por ende más justas.

Capítulo 3

Mujer agente por el cambio

Concepto de género.-

Si bien nadie niega el concepto básico de igualdad del ser humano, sin distinción de ninguna clase, el mundo contemporáneo enfrenta una grave crisis de identidad de género, esto debido principalmente al rol ejercido por los medios de comunicación en donde se ha tratado de promocionar toda una serie de alternativas de comportamiento , que si bien existían en nuestras sociedades desde tiempos inmemoriales, no son la total respuesta a una serie de problemas de comportamiento relacionadas con el desarrollo hormonal del individuo. Los conceptos culturales y biológicos son cuestionados sin base científica que prueben al cien por ciento las nuevas teorías que responsabilizan totalmente a la influencia cultural en el desarrollo de estereotipos.

Es preocupante observar como, individuos que no coinciden dentro del perfil de género comúnmente aceptado hagan toda una apología a su condición y pretendan minimizar la importancia de la definición de género en la sociedad moderna. En este juego pierde la mujer pues su identidad individual es deformada para poder justificar la presencia del transexual, toda una modalidad de comportamiento que es evaluada por científicos de diversas disciplinas.

Existen casos, en la historia reciente, como por ejemplo el ocurrido a mediados del siglo pasado cuando se inició toda una corriente en la cual se pretendía demostrar que el comportamiento del hombre o la mujer correspondían a imposiciones de modelos creados por la sociedad. Un sicólogo neozelandés, John Monney fue defensor de esta teoría, la cual mediante tratamiento a un ser nacido hombre éste podía convertirse en mujer. El famoso caso John y Joan (un niño que fue mutilado por un error médico al hacérsele la circuncisión) y que el Dr. Monney aludía como su obra maestra fue descubierto hace unos años al comprobarse que la niña, a pesar de los tratamientos sicológicos y hormonales nunca dudó y defendió su condición de varón.

Estos casos que se dieron por cientos en diversos países del norte, especialmente en Estados Unidos, demuestran lo complejo del tema y la necesidad de reconocer la importancia de la definición de género dentro del mundo en que vivimos.

Igualmente, es oportuno mencionar casos recientes en donde los padres deciden ignorar el sexo de su hijo para que crezca sin imposiciones de género por la sociedad. Todo esto respetable, pero es un hecho que va en contra de la identidad sexual del individuo si se ignora su género biológico.

No se trata de ignorar o respetar otros tipos de comportamiento, lo que queda claro es que biológicamente existen dos géneros que responden a su composición genética. El género femenino y el género masculino. En este sentido nuestro interés es enfocarnos en el rol del elemento femenino , su comportamiento y avances como agente por el cambio.

De otro lado, tampoco se puede ignorar la variación en el comportamiento de las sociedades modernas. En países como Argentina y Uruguay ya se han dado leyes para que la persona decida el género que quiera desarrollar y que así lo estipule su documento de identificación sin tener en cuenta su sexo biológico. Vale decir los transexuales son reconocidos y se les da la opción de definir el género que enmarque su comportamiento en la sociedad.

En ese sentido es oportuno ofrecer como referencia la definición de la Revista de la Oficina del Consejero Especial sobre Asuntos de Género y Avance de las Mujeres. (NN UU, Agosto 2001), en donde el concepto de género se refiere a:

" las diferencias sociales contraídas por atributos y oportunidades asociadas con ser mujer u hombre y a las interacciones y relaciones sociales entre hombres y mujeres. Género determina lo que se espera, permite y valoriza en una mujer y hombre dentro de un determinado contexto. En la mayoría de sociedades, hay diferencias y desigualdades entre mujeres y hombres dentro de roles y responsabilidades asignadas, actividades asumidas, acceso para y al control de recursos, al igual que oportunidades para decidir…".

Dentro de este contexto se incluye conceptos como igualdad de género en el sentido de ofrecer iguales oportunidades para todos los miembros de la sociedad.

La corriente principal de genero ha sido definida por las Naciones Unidas como: "...el proceso de valorar las implicaciones para mujeres y hombres debido a una acción planificada, incluyendo legislación, políticas o programas en cualquier área y en todos los niveles. Es una estrategia para hacer de las preocupaciones y experiencias de mujeres, al igual que de hombres, un diseño con dimensión integral, implementación, monitorización y evaluación de políticas y programas en todos las esferas políticas, económicas y sociales, para que las mujeres y los hombres se beneficien igualmente y la desigualdad no sea perennizada . El objetivo final de la corriente principal de género es conseguir la igualdad de genero..."

La inclusión de estos conceptos es pertinente en el sentido que nos ubica en cuanto a nociones relacionadas con otras como la igualdad, y acceso a mejores oportunidades de vida que son los requeridos para el desarrollo de sociedades justas y armónicas. Así, la mujer al tener conciencia de su identidad de género hace posible que sea un agente de y por el cambio hacia sociedades justas y armónicas. Si por el contrario, ignora su esencia y rol en el medio en que se desenvuelve difícilmente entenderá su rol en la sociedad moderna. Las estadísticas y porcentajes son un marco de referencia, mas no así la total historia de una determinada realidad. Se puede decir por ejemplo que hay una mayor cantidad de mujeres en la fuerza laboral, pero cómo son tratadas y cómo se tratan entre sí es lo más importante si se busca el verdadero desarrollo armónico de una sociedad.

De otro lado, cuando nos referimos a la presencia de la mujer en los estamentos de poder, no puede leerse que ésta ha progresado basándose sólo en estadísticas. Puede existir un cincuenta por ciento de mujeres en la administración pública-por ejemplo-, pero si ellas han conseguido el poder por medios cuestionables (ergo haciendo uso de sus atributos y favores físicos) su presencia no tiene valor alguno. En resumen, las estadísticas ayudan a tener una idea de una realidad, pero no refleja totalmente el hecho social que se pretende estudiar o evaluar.

Actualmente podemos observar la existencia de un tipo de mujer emprendedora, presente en diversos niveles de la sociedad pero ajena a los cambios necesarios para hacer de la sociedad moderna un lugar de garantía a la justicia y el bienestar social. Por el contrario muchas han llegado al poder y han seguido los mismos niveles de corrupción de sus antecesores. Vale decir su rol de agente de cambio no se ha dado. ¿ Por qué? Existen muchas razones, una de ellas, quizá la principal su falta de auténtica solidaridad con otras mujeres debido a su desconocimiento del rol que le corresponde en una sociedad en pos de equidad y justicia social.

Capitulo 4

¿Cómo se ven las mujeres y cómo se tratan entre sí?

Antes...

Carta de la Duquesa de Orleáns a la Duquesa de Hanover. 4 de enero de 1704. Versalles.

"Debo decirle cómo realmente es el rey. Las damas de la Duquesa de Bourgogne, quienes son llamadas "Damas del Palacio", trataron de arrogarse el rango y tomar el lugar de mis damas por todos lados. Una cosa así nunca fue permitida ni en tiempo de la Reina ni de la Delfina. Ellas consiguieron que los Guardias del Rey se mantuvieran en sus lugares y empujaran las sillas pertenecientes a mis damas. Yo reclamé primero que todo al Duque de Noailles, quien replicó que fue una orden del Rey. Entonces fui inmediatamente él y le dije "puedo preguntarle a su Majestad si es por sus ordenes que mis damas ahora no tienen rango al igual que mis damas de honor, caballeros de honor y damas del vestuario en sus lugares al igual que aquellas de la Reina y la

Delfina. Yo no sé por que las damas del Palacio pueden pretender otra cosa". El Rey se puso muy rojo y replicó " Yo no he dado tal orden, quien dijo que lo hice? "El Mariscal de Noailles, repliqué. El rey le pregunto por qué había dicho tal cosa, y yo repliqué que " probablemente había malentendido a usted, pero que como el Rey había dado tales ordenes, debería ver que sus Guardias no mantengan lugares para aquellas damas y evite a mis sirvientes de llevarse sillas para mi servicio". Aunque estas damas están en alto favor del Rey, a pesar de ello mandó al mayordomo a descubrir como se habían dado las cosas. Yo le dije a él "que no pase eso otra vez". Estas mujeres han llegado a ser muy insolentes ahora que ellas son las favoritas y se imaginan que yo no tendré el coraje de reportar el incidente al Rey. Pero no voy a perder mi rango ni prerrogativas en base a los favoritismos que disfrutan. El Rey es demasiado justo para hacerlo. (G.S. Stevenson, ed. Las Cartas de Madame, (New York. 1924)

Podemos observar en el incidente que relata la Duquesa de Orleáns a su similar de Hanover denota cómo la rivalidad es y ha sido el ingrediente principal en la relación entre mujeres, al igual que la disputa por los favores de un hombre. Asimismo, el tratar de menoscabar u denigrar a alguien ausente (generalmente otra mujer) en el intercambio epistolar o conversación. Y, ese no es un caso aislado. El enfrentamiento entre las féminas es una característica común que refleja el tergiversado y cuestionado concepto derivado de la obra "El Príncipe " de Maquiavelo: "Divide y vencerás". La consigna parece ser: Mientras más divididas, será más fácil sojuzgarlas.

Desafortunadamente este objetivo se facilita si añadimos el

enfrentamiento generalmente disfrazado de supuesta competencia tal como ha sido la tónica en las relaciones de las mujeres según vemos en los documentos y cartas del pasado .¿ Pero es esa toda la verdad o parte de ella?. Siempre, o casi siempre, "ellas" se han visto desde niveles : superior , inferior, o de riesgo para nombrar algunas formas de relación. Nunca desde una perspectiva similar, horizontal, de hermandad como se da en mayor medida entre los hombres. Para las mujeres la palabra solidaridad mayormente ha tenido una connotación discriminatoria y egoísta(soy amiga de mis amigas) y pocas veces se aplica a un amplio radio de semejantes del mismo sexo. No ha habido identidad de género.

En los tratados históricos referentes a mujeres famosas comprobamos que la mayoría de veces se describe a la mujer como egocéntrica y poco amiga de su entorno femenino. Brillan por su ausencia documentos respecto a la existencia de relaciones fraternas entre mujeres. Eso sí, casos de infamia y enfrentamiento. Entre las traidoras está una mujer y el motivo común es la conquista o los favores del hombre. Ese es el rol que se le asigna a las mujeres y las reduce a una especie que no merece respeto en la sociedad. Recuérdese que Aristóteles consideraba que la amistad entre las mujeres no era posible por su falta de espiritualidad y capacidad de lealtad propia de los hombres (Libros VIII y IX de Ética).

Pero, ¿es esa condición verdadera o inventada intencionalmente para justificar la opresión y omisión de las féminas en el devenir histórico?

No podemos ignorar que la mujer con poder generalmente ha sido abusiva con miembros de su mismo género. Falta de experiencia, reacción frente a la opresión ó, exageración de la historia?. La duda se mantiene pues si bien es innegable la existencia de mujeres imitadoras del abuso de los hombres, resulta difícil aceptar que todas tuvieran el mismo comportamiento.

Y ahora, ¿cómo nos vemos?

Los acontecimientos de los dos últimos siglos demuestran que los movimientos sufragistas en el siglo XIX y los feministas del siglo pasado han influido para que la imagen de la mujer en la historia haya cambiando lentamente. Es a   mediados del siglo XX que observamos una nueva generación de féminas como Simone de Beauvoir   que cuestionan la condición femenina y su trato histórico. La segunda ola de feministas de todo el mundo siguen su línea y se llega a un cambio más sustantivo para las mujeres. El resultado ha sido indudablemente un tipo más consciente de su diferencia; más arriesgada, más aceptada en el mundo laboral. Así,   la pregunta que surge ante todo este progreso es: ¿Realmente con todos los avances del último siglo, nos respetamos entre nosotras, somos en verdad agentes de y por el cambio que con mayor capacidad de organización y decisión estamos haciendo de esta sociedad un lugar mejor para las generaciones futuras?. Aparentemente no ha habido mayor progreso. Y, nos repreguntamos ¿por qué tan poco avance?. Pues simplemente porque la visión de nosotros mismas – entre la gran   mayoría-, no ha cambiado. No nos respetamos mutuamente, y por ello no se respeta el esfuerzo femenino a nivel macro.

En los últimos años con más mujeres en el poder todavía se aprecia este comportamiento negativo entre las mismas. Las féminas todavía desconfían entre ellas aún en niveles en donde la educación y conciencia de su rol en la sociedad no está en duda.

Pero esa no es toda la realidad. Las Presidentas de Argentina y Brasil , Cristina Fernández de Kirchner y Dilma Rousseff , respectivamente, están dando clases de profesionalismo y verdadera conciencia de ser mujeres agentes de y por el cambio. En su desempeño y especialmente en las reuniones bilaterales que realizan se ve una relación muy cortés y fraterna entre ellas. Ambas, de acuerdo a las escasas informaciones periodísticas que se difunden, (y que no es casual), desarrollan agendas relacionadas con sus países y ponen en práctica sus políticas caracterizadas por la búsqueda del bien común de sus compatriotas. Es necesario indicar que ambas Jefas de Estado han desarrollado una larga y activa vida política antes de llegar al poder. La Presidenta Fernández de Kirchner ha desempeñado en su calidad de abogada, cargos públicos y como esposa de su difunto esposo quien también ejerció la presidencia, ella ha actuado activamente en la defensa de leyes que cambien la situación de postración y desigualdad de las mayorías en su país.

Por su parte, Dilma Rousseff, es economista y con una larga carrera en la administración pública ha sido ministra y Jefa del gabinete del ex Presidente Luis Ignacio da Silva (Lula), antes de llegar a ser la Presidenta de Brasil. La Sra. Rousseff tiene igualmente una larga historia política en donde se nota su preocupación por la justicia social y un cambio sustancial en las reglas de juego político-económicas a fin de lograr un avance cualitativo en su país.

Ambas mujeres, conocedoras de su realidad y comprometidas con ella, están demostrando igualmente su capacidad para fortalecer los lazos entre sus respectivos países, un hecho sin precedentes y de grandes y positivas consecuencias para la región, teniendo en cuenta que son las dos más grandes naciones de sud américa.

Como podemos observar, si bien existen casos donde la mujer olvida su rol de agente de cambio una vez en el poder, también hay casos positivos como los mencionados líneas arriba. Y, son estos casos los que deben ser difundidos y ser tomados como ejemplo.

Existen todavía numerosos casos en donde la mujer después de lograr un puesto de poder desarrolla una actitud en donde las mujeres son blanco de su abuso y despotismo. Eso refleja que todavía hay un sector ajeno al avance en cuanto respeto a sus similares mujeres. En este grupo también hay muchos casos de abanderadas de los derechos femeninos, pero que en la práctica no los reconocen ni tienen intención de hacerlo.

Capítulo 5

La etiqueta como instrumento de perpetuación de roles tradicionales.

En los últimos años el proceso de mundialización financiero y cultural ha influido notablemente para que el tema de la etiqueta haya tomado mayor vigencia con el riesgo de perpetuar   patrones de comportamiento no muy diferentes a los del pasado. Si bien se han introducido ciertos cambios que reconocen la presencia de la mujer en el mundo de los negocios, en esencia persisten ciertas situaciones y circunstancias que muy bien pueden afectar el rol de la mujer en la sociedad del futuro. El protocolo internacional todavía mantiene roles exclusivos para el hombre o de menor atención cuando se trata de una mujer, por ejemplo si es una alta ejecutiva. Vale decir la mujer no tiene el trato deferente que se le da a un hombre de rango similar; de esta forma, todavía se dan situaciones que reflejan lo lento del cambio hacia un trato igualitario a la mujer .

Recordemos que, siguiendo reglas palaciegas y monárquicas de antaño, la mujer desempeñaba un rol decorativo. Exuberancia en el vestir, las joyas, el maquillaje y su capacidad de conquista primaban antes que su capacidad intelectual, natural don de gentes y facultad de mantener relaciones armoniosas en su entorno. Hoy en día, por ejemplo, muchas mujeres en la gestión pública no pasan de ser eso, una anécdota mas no un cambio en la sociedad.

El exceso de atención a características externas que se daban en el pasado fueron un tanto eclipsadas con los movimientos feministas del siglo XX, especialmente en las décadas de los 60 y 70. En esos años surgen nuevos patrones de comportamiento de las mujeres. Menos ajustadas a las reglas, la relación entre éstas también tuvo un cambio. Se dio una mayor importancia a la relación dentro del grupo femenino, mayor educación y conocimiento de género; cuestionamiento respecto a su rol en la sociedad y rechazo a comportamientos que denigraban a la mujer en la sociedad. La movilización era natural y surgía de las bases.

Rápidamente el "establishment" en forma sistemática reorientó el movimiento mediante reuniones internacionales y organismos ejecutores de una supuesta revalorización de la mujer. Si bien es importante reconocer que con dichos esfuerzos se iniciaron procesos de valoración al aporte de la mujer en la sociedad a nivel mundial, éstos se han venido dando en forma vertical eclipsando al natural proceso de cambio que debe surgir desde los cimientos mismos del grupo. Así las féminas de hoy piensan, en su mayoría, que las leyes y cuotas para su integración son algo natural y no el resultado de siglos de lucha por reivindicaciones básicas.

Es innegable, de otro lado, que las diferencias de trato en el mundo laboral entre hombres y mujeres son parte del problema. Se dan casos aislados de equidad y no como una nueva orientación en donde la mujer tiene un rol diferente en la sociedad y con soluciones innovadoras a problemas de siglos. El patrón de comportamiento sigue primando en relación al hombre, no se ve un cambio sustantivo. Por su parte, el hombre aparentemente sigue siendo más solidario con los de su género, indistintamente de cultura o etnia. No así la mujer.

Observamos igualmente   cuando las féminas avanzan políticamente, –por ejemplo-, las vemos a en puestos de poder con actitudes tradicionales propias de los varones en cuanto a su relación con otras mujeres y también con los hombres. El modelo de "abeja reina" sigue primando. También se encuentra en los centros de trabajo algo muy común cual es la sutil manipulación del concepto ¨mujer-objeto¨ , estas situaciones reafirman lo poco del avance hacia una nueva forma de aceptación de la mujer en base a sus méritos e integración a la sociedad.

Por supuesto existen excepciones a la regla, y eso es lo que debe tomarse como modelos a ser difundidos para realmente generar sociedades más justas y equitativas.

La propuesta del presente libro es que la cortesía, el buen trato no sólo se adecue de sexo a sexo, sino también entre mujeres , especialmente en los diversos momentos de la vida de una persona (hogar, trabajo, sociedad en general). En la campaña electoral estadounidense en 1912, una asesora del Presidente Barack Obama, se refirió despectivamente a la esposa de un candidato presidencial opositor. El comentario se refería a que dicha señora jamás había trabajado y no tenía experiencia para opinar sobre asuntos laborales. La referida asesora ignoró o menospreció la opinión de la esposa del candidato contrincante porque nunca había trabajado fuera de su casa y sólo había ejercido el rol de ama de casa y esposa. Esta actitud es muy común entre mujeres que consideran que el trabajo doméstico no tiene importancia o valor económico, pues no hay salario de por medio. Nada más lejos de la realidad. La función de una ama de casa es invalorable y vital en la vida de una familia. Es una opción de vida que debe respetarse. Estas concepciones erradas reflejan una vez más el serio problema que existe entre mujeres, cual es el respeto por sus similares, sea cual fuera su origen o actividad dentro del hogar o la sociedad. Y, no se trata solo de formas (sonrisa, buen trato), sino también de actitudes, como el ejemplo citado líneas arriba.

Capítulo 6

Cortesía , género y lenguaje

El siguiente texto se encuentra en la "Guía para un lenguaje Neutro" de la Organización de las Naciones Unidas para la Educación, Ciencia y Cultura (UNESCO), 1999. El citado documento ha sido publicado en castellano bajo el título: Recomendaciones para un uso no sexista del lenguaje".

"...Un creciente reconocimiento que el lenguaje no solamente refleja la forma que pensamos, sino también modela nuestro pensamiento. Si las palabras y expresiones que implican que las mujeres son inferiores al hombre son constantemente usados, esa presunción de inferioridad tiende a convertirse en parte de nuestra forma de ser. Por ello la necesidad de adecuar nuestro lenguaje cuando nuestras ideas se desarrollan. El lenguaje es una poderosa herramienta: poetas y propagandistas lo saben, al igual que las víctimas de discriminación".

Gente estudiosa del lenguaje, especialmente de orientación feminista ha venido desarrollando toda una campaña respecto al uso del lenguaje neutro como una forma de erradicar comportamientos y actitudes que perpetúan la discriminación de las mujeres y es así que surge el documento líneas arriba citado y cuya difusión debe ser tomado en cuenta en toda sociedad consciente de la necesidad de cambio.

El uso del género masculino y femenino tradicionalmente ha tenido una connotación sexista que ha justificado actitudes al igual que ha creado ciertos mitos respecto a la condición de la mujer en la sociedad. Muchos vocablos han determinado la identificación del sexo, al margen del verdadero sentido y acepción real. Así, por ejemplo, ser cortés es un adjetivo masculino en el idioma castellano y ese "determinante lingüístico" tiene una influencia general en las mujeres, especialmente de habla castellana. De otro lado, la adjetivación de lo femenino como sinónimo de fragilidad que permite ciertas ventajas en la sociedad ha sido la característica principal de la presencia femenina en la sociedad. En resumen gran parte de los esfuerzos de los reformadores sociales por establecer términos de equidad de género en la sociedad se ven eclipsados por prejuicios ancestrales y obsoletos basados en el uso del lenguaje, el cual es una de las herramientas básicas de la comunicación humana.

En el caso del español, como todo idioma romance, es un lenguaje basado en el género (femenino, masculino), y entonces las actividades originalmente asignadas sólo al hombre, ahora que ambos sexos la realizan todavía sólo tiene acepción masculina ignorando así a las mujeres que lo ejercen. Por ejemplo bomberos, y ya hay mujeres que desarrollan esta actividad pero no se usa el término de bombera.

La UNESCO considera que para lograr el reconocimiento de la mujer en la sociedad y que "...Igualdad de género no signifique que hombres y mujeres sean lo mismo, pero sí que sus oportunidades y posibilidades de vida sean iguales...", sólo serán posibles cuando el lenguaje y el pensamiento reflejen una educación equilibrada y sin exclusiones de género, etnia o cultura.

El lenguaje como razón para perpetuar discriminaciones no sólo en cuanto a género ha sido uno de los temas que más cuestionamientos han hecho lingüistas de la llamada corriente post-feminista.

En el caso del español al igual que todo idioma romance, éste es una lengua de género (femenino, masculino), por ello actividades originalmente asignadas a los hombres y hoy en día ejercidas por ambos sexos, todavía tienen una clara connotación masculina.

En idiomas como el castellano el uso de adjetivos tienen un significado diferente cuando es usado para un hombre o para una mujer. Así, por ejemplo, vemos   el caso del vocablo cortés (amable, simpático) adjetivo que por costumbre se ha asignado al hombre como una cualidad. En el caso de la mujer (femenino de cortés) cortesana, fácilmente se relaciona con un comportamiento fácil deshonesto o extremadamente sociable de la mujer.

Un caso muy común es el término de hombre público el cual se refiere a alguien de destacada actividad en la sociedad. Por el contrario si se usa "mujer pública" esta frase se refiere a una prostituta. Es increíble pero esta diferenciación de significado en el uso de un mismo adjetivo para un hombre o una   mujer tiene una denominación específica aceptada por los académicos del lenguaje. El uso de estos adjetivos que tienen diferente valor semántico y que cuando se aplican a hombre o mujeres tienen connotaciones diferentes se denomina "duales aparentes". Y, esta cuestionable práctica refleja ,una vez más, el carácter paternalista de los orígenes del lenguaje, especialmente el castellano o español.

Otro ejemplo de la manipulación del lenguaje es el vocablo vanidad (sustantivo femenino) la cual generalmente se entiende como un sustantivo femenino propio de las mujeres y ajena a los varones. Su significado está intrínsecamente -por costumbre- asociado a la mujer. Así, inconscientemente la mayoría de mujeres han desarrollado comportamientos en donde se requiere que el hombre sea cortés, pero la mujer no. Si se usa el término cortesana, entonces es inadecuado para encontrarlo y dispensarlo entre mujeres. O, de otro lado, en el caso de vanidad que el hombre generalmente no es vanidoso pero la mujer sí lo es (la vanidad es femenino). Conceptos que no reflejan la realidad pues el hombre o la mujer son naturalmente vanidosos.

El problema no es sólo del castellano. Otros idiomas también tienen sus restricciones. Dale Spander, feminista australiana y estudiosa del desarrollo lingüístico en relación al género, en su obra "El hombre ha hecho el lenguaje", considera que la limitación del lenguaje como una verdadera barrera para la igualdad y expresión de la realidad se debe a los orígenes patriarcales del mismo. En tal sentido en la vida diaria podemos ver las consecuencias de estas restricciones, específicamente en el caso del trato entre mujeres.

Esta previa existencia patriarcal del lenguaje definitivamente influye en nuestro comportamiento. En primer lugar no hay vocablos, especialmente en el idioma castellano, que impliquen una forma de hermandad entre las mujeres. Curiosamente la palabra misma (hermandad) es aplicada tanto para hombres como mujeres y automáticamente hay más identificación de este sustantivo con acciones masculinas o para denominar fraternidades o grupos religiosos o sociales. En esto ha jugado un rol importante el relato de la historia del ser humano, pues se ha documentado detalladamente el quehacer del varón con sus similares, no así de las mujeres.

Es oportuno mencionar que en el idioma inglés sí hay una diferencia del sentido de hermandad entre hombres, (brotherhood) y entre mujeres (sisterhood). Esto refleja un avance en cuanto a relaciones entre mujeres de habla inglesa, pues aparentemente ellas sí tienen un vocablo que describe un mayor entendimiento de lo que es solidaridad entre mujeres.

En consecuencia un vocablo cercano a estos conceptos en castellano, sería el de solidaridad el cual si bien tiene una connotación universal también puede identificarse como un sustantivo femenino. En general muchas mujeres lamentablemente no sienten, ni practican regularmente actos solidarios con otras mujeres. Así, por costumbre, en lugar de ser el lenguaje un canal de comunicación se convierte en una barrera creando y aislándonos de nuestros semejantes no solo mujeres, sino también varones.

Otro aspecto dentro de la comunicación y el lenguaje es el

hecho que si bien se reconoce que la mujer usa términos más educados y corteses, también es cierto que lo hace mayormente cuando hay elemento masculino en su auditorio. Muchas veces con el pretexto de crear acercamiento entre las propias mujeres se usa un vocabulario irrespetuoso que en última instancia afecta la relación armoniosa entre miembros del mismo género. De otro lado, tal como expresan expertos en Inglaterra la juventud (de ambos sexos), actualmente consideran el uso del lenguaje apropiado como una muestra de servilismo que ha sido superado por las nuevas generaciones. De ahí la moda de usar vocablos incorrectos y soeces no sólo entre hombres sino también entre mujeres. Esta situación agrava el panorama vigente entre las féminas.

En general el lenguaje nos limita por sus orígenes patriarcales y se convierte en una barrera para el acercamiento y ejercicio de un mejor trato entre nosotras. Puede añadirse que en los últimos años las nuevas generaciones de mujeres son más agresivas en sus expresiones como una forma de compensar su impotencia ante una forma de comunicación que sí afecta su verdadera integración al medio debido a sus naturales limitaciones desdibujadas en sus orígenes . De otro lado, con las corrientes auspiciadas por los medios de comunicación respecto a la competencia desmedida como medio único para alcanzar el éxito, la mujeres están mucho más enfrentadas que antes. De ahí la importancia en el cambio del uso del idioma como elemento discriminatorio entre las propias mujeres.

Es importante recordar que no sólo el significado de la palabra es usado para excluir, por ejemplo entre mujeres de diferentes niveles socio-económicos. Un trato distante y despectivo es una forma muy común de agresión especialmente entre grupos socio-económicos diferentes. Es decir, las mismas mujeres usan el lenguaje para establecer diferencias entre ellas; hecho que refleja la persistencia de actitudes similares a las que se dan entre el hombre y la mujer (dominante-dominado). En otras palabras, las miembros del sexo femenino con el lenguaje como una de sus armas principales, repiten los mismos patrones de comportamiento que sus similares hombres y no siempre son los más constructivos.

La Real Academia de la Lengua (RAE), recientemente ha emitido un informe cuestionando la presencia de publicaciones bajo auspicio de feministas las cuales dan pautas para un mejor uso del idioma en beneficio de la erradicación de la discriminación, y de impulsar así una verdadera visibilidad de la mujer en la sociedad al igual que prevenir la violencia de género. Esta nueva posición de la RAE desdice cualquier declaración que sus representantes hicieron en el pasado. Curiosamente en años anteriores se habló de una coordinación de la RAE con un grupo de feministas para que hicieran proposiciones que en su mayoría fueron aceptadas sin querer llegar a una "militancia feminista" . En ese entonces, el director de la RAE en el Congreso de la Lengua realizado en el 2007, explicó que el género es una palabra con sentido gramatical. "Ahora es políticamente correcto poner masculino y femenino", refiriéndose a la insistencia de muchas feministas de incluir ambos géneros en todo texto, como cuando se dirige a "niños y niñas", "profesores y profesores", cuando la normativa indica que en esos casos "el masculino es suficiente". "Hay que respetar las leyes de la lengua que son producto de la economía" indicó García de la Concha, ..."si no, empezaríamos a duplicar cuando hay términos de referencia común", concluyó el academista. El académico en una posición muy cuestionable explicó en dicha oportunidad, "La Academia no quiere ser ni feminista ni machista, sino estar en ese feliz punto medio". Algo realmente incomprensible, pues no se puede seguir ignorando deficiencias en la lengua que afectan gravemente el avance del reconocimiento de la presencia de la mujer en la sociedad. Actualmente de los 46 miembros de la RAE cinco son mujeres y éstas han sido escogidas precisamente por los que la integran. Un círculo vicioso que no hace sino atrasar un hecho necesario y justo. El español académico está retrasado y no enmienda una actitud de siglos. El problema se agrava por los alcances de esta negligencia, especialmente en los medios de comunicación en donde se evidencia con mayor intensidad la postración de la mujer especialmente en su rol de mujer objeto.

En resumen podemos afirmar que aún no se ha superado los usos de un lenguaje patriarcal, -especialmente en el español-, el cual obstaculiza un tratamiento igualitario de las féminas contribuyendo a que entre ellas no se practique formas de lenguaje más armónico e igualitario. Todo esfuerzo para superar esta limitación sólo será posible si las mujeres mismas practicamos en nuestra vida diaria con nuestros semejantes sean estos hombres o mujeres. Haciendo uso de un lenguaje que incluya y no excluya la presencia femenina es un reto que las mismas mujeres deben superar.

Ver Anexo A (Ejemplos en Recomendaciones para un uso no sexista del lenguaje)

Capítulo 7

El trato entre mujeres

¿Qué mujer no ha experimentado el cambio de actitud de una recepcionista cuando habla con un hombre y cuando se dirige a una mujer?. En algunos casos hacen un esfuerzo por parecer no discriminatoria, pero en general el trato es diferente. El comportamiento de siglos prevalece: con el hombre hay que ser más gentil, con la mujer no.

Hace algunos años, viajábamos mi esposo y yo usando una aerolínea de bandera centroamericana. El vuelo incluía varias paradas y en total el viaje era de más de quince horas. En un momento una de las pasajeras se sintió mal y pidió una bebida caliente a un miembro del personal de vuelo quien era mujer. Esta la ignoró a pesar que la pasajera le insistió varias veces. Mi esposo al ver a la señora ignorada, se levantó y le pidió a la misma tripulante un café como si fuera para él.

Cosa curiosa, la tripulante de vuelo le trajo el café en menos de cinco minutos. Con sorpresa vio cuando él le entregaba la bebida a la señora que había estado solicitándole por horas. El incidente fue real y con algunas variaciones de lo mismo, sucede en algún momento en diferentes circunstancias de nuestras vidas.

Muchas veces hemos sufrido de una u otra forma este maltrato de mujer a mujer. Y, probablemente las experiencias más duras de discriminación han venido de miembros de nuestro mismo sexo . Esta figura se da con mayor intensidad en sociedades donde la mujer tiene una situación de clara desventaja y dominación.

Si damos una rápida mirada a los cientos de manuales de comportamiento, es difícil encontrar alguno donde se especifique el comportamiento entre mujeres, en lugares públicos y privados. Reiteramos no se insiste en el respeto entre nosotras, y en consecuencia la discriminación viene de nosotras mismas.

En tal sentido sería bueno recordar:

De Mujer a Mujer: (en oficinas y lugares públicos)

-Cuando se atiende a una cliente, ésta merece tan igual atención y respeto que un hombre.

-Toda persona merece ser tratada afable y profesionalmente como cualquier persona sin consideración de su sexo.

-La información requerida debe ser contestada claramente y, de ser el caso evitar actitudes y comentarios discriminatorios. Muchas veces observamos como una recepcionista, u oficinista maltrata con los gestos y la mirada a cualquier mujer que le pide información o atención.

-En caso de limitaciones físicas o mentales, no ignorar a la cliente con la excusa que requiere la atención de un varón. Es recomendable un primer acercamiento y atención que refleje el verdadero sentido de solidaridad humana

-El lenguaje corporal puede crear una situación indeseada. Evitar ignorar a la interlocutora no mirándola cuando explica su problema o pregunta, refleja una falta de educación y humanismo. Igualmente, mirarla inquisitivamente como dudando o cuestionando lo que dice la interlocutora expresa la falta de respeto que sienten por miembros de su mismo sexo.

Capitulo 8

Las Mujeres en el centro de trabajo

¨ He sido saboteada tantas veces en el trabajo por otra mujer que finalmente dejé el mundo corporativo y empecé mi propio negocio". indica Roxy Westpahl, en un artículo del New York Times. Actualmente ella tiene su empresa en Arizona y todavía recuerda cuando hace 30 años fue maltratada por una mujer durante una entrevista de trabajo que la dejo en medio de sollozos. Una experiencia similar tuve igualmente hace más de dos décadas cuando una superior jerárquica —en una entrevista personal- justificó su oposición a mi ascenso pues según "explicó" yo no era como ella quien "pertenecía a una élite militar y había estudiado en Europa". Después de esa entrevista tan dolorosa, mi vida cambió no lo voy a negar, y pienso que para bien. Lo que si no puedo olvidar es que otra mujer fue la más cruel opositora al reconocimiento de mi capacidad profesional.

Estudios en Estados Unidos (Berkeley, California) y Canadá

(Universidad Waterloo) en 2007, indican que la mujer sigue siendo abusiva con sus compañeras de labores.

La creciente presencia de la mujer en la fuerza laboral en la sociedad moderna ha creado situaciones imprevistas pues reflejan la actitud ancestral del elemento femenino. Esta afirmación me recuerda igualmente, hace casi tres décadas cuando ingresé a la oficina que me habían asignado como funcionaria diplomática en el Ministerio de Relaciones Exteriores del Perú. La primera reacción de las secretarias fue de desilusión porque no era hombre. Y, no tuvieron reparo en decírmelo. Luego la relación tuvo que ser poco convencional,(conversar sus temas, participar en sus eventos a fin de ganarme su confianza y apoyo). Estoy segura que nunca me vieron como si hubiese sido el caso de un varón desde el punto de vista profesional y jerárquicamente superior. Las cosas han cambiado aparentemente, pero se mantienen comportamientos que reafirman la discriminación entre mujeres. No olvidemos que se da en diferentes direcciones; por ejemplo las profesionales que se sienten superiores a otras trabajadoras por el hecho de ostentar un título o cargo. O, la secretaria que por favores sexuales tiene más poder en una oficina que cualquier otra profesional, estas actitudes modelan el comportamiento de algunas mujeres, especialmente cuando llegan al poder.

Sólo el mencionar el maltrato entre mujeres en el centro de labores aparentemente conmociona al movimiento femenino en sus cimientos. Esta situación ha sido denominada por Peggy Klaus ejecutiva de Berkeley, "el elefante rosa" en el trabajo. La autora se pregunta ¿Cómo la mujer puede ascender si maltrata a sus colegas del mismo sexo en cualquier lugar de la oficina?. (NYT)

Susan Shapiro Barah en su reciente libro "Haciendo tropezar a la Reina de la Promoción, La verdad acerca de la rivalidad entre mujeres ¨ indica que las mujeres están más ocupadas en competir contra sus propias compañeras de trabajo que con los colegas varones.

En este sentido cabe mencionar otro aspecto del mismo escenario: el rol de las secretarias y las innumerables veces que nos hemos visto frente a la dictadura de una ellas, quien por diversas razones alcanza poder y asume una actitud dictatorial. Así, observamos cómo muchas de estas secretarias deciden por si mismas quien ve o no ve al jefe. En esas circunstancias las mujeres son las menos afortunadas; a menos que tenga un vínculo de amistad o interés con quien requiere la entrevista. En otras palabras las mujeres son menos amistosas con sus colegas del mismo género.

Esas actitudes si bien en algunos casos se disfrazan, en mayor o menor medida son muy comunes en los centros de trabajo.

El mismo artículo del NYT, mencionado líneas arriba, incluye que los investigadores estadounidenses y canadienses coinciden en afirmar que la búsqueda de un objetivo común entre las féminas puede evitar estos desagradables enfrentamientos. "Creemos que el sentido de autovaloración de las mujeres por la obra realizada, ayuda a que éstas se apoyen mutuamente. ..

"Para tener esa satisfacción, las mujeres necesitan tener conciencia de compartir su identidad como mujeres", agrega Grace Lau de la Universidad canadiense Waterloo.

A mi parecer coincido que ese es un aspecto básico y la cuestión es interna. Las mujeres debemos aprender a conocernos y apreciar nuestras cualidades. Así, una vez desarrollada la autoestima entonces podrá ser posible la aceptación de la capacidad de otras mujeres y por ende ser más productivas en equipo.

Para promocionar la igualdad y respeto entre las mujeres en el centro de trabajo, las siguientes sugerencias son aconsejables para las asistentes administrativas.

- Afable e informativa con el público y colegas de trabajo sin distinción alguna. El uso de un lenguaje apropiado y no excluyente debe ser la característica principal de su comunicación.

- Buscar soluciones en su entorno.

-   No enfrentar a los compañeros de trabajo, especialmente a las mujeres. Unir no dividir.

- La murmuración y el chisme deben ser erradicados.

- Valorar y respetar las cualidades de sus compañeras de trabajo a nivel jerárquico Todas deben recibir el mismo trato y respeto.

-   Ser consciente de su género y rol en el cambio de actitudes que generen armonía entre las personas.

- Aceptar y respetar a su superior jerárquico mujer.

Capítulo 9

La mujer en el campo gerencial

Según estadísticas recientemente publicadas por el Censo de Estados Unidos en 2009, por ejemplo en este país el 50 por ciento de las mujeres ejecutivas tienen cargos gerenciales. El último censo indica que ellas sólo forman el 15.7 por ciento de los ejecutivos de las corporaciones de "Fortune 500". Y, las féminas conforman el 15.2 por ciento de los cargos directrices de esta elite de poderosas empresas.

Observamos con mayor frecuencia que la mujer, por diversas circunstancias, ha conseguido un sitial de poder en diversas instancias del quehacer público y privado, lamentablemente el hecho es que si bien algunas son conscientes de su rol de agente de cambio en la sociedad, otras no. El problema también reside en la aceptación de la mujer como líder de un equipo . Según Gallup en Estados Unidos, las mujeres mayores de 50 años prefieren un jefe varón en un 39%, y 27% prefieren mujeres. En general, hoy en día 56% de las mujeres prefieren jefes hombres contra un 30% que apuestan por la mujer.

Estas cifras son poco alentadoras teniendo en cuenta el incremento de la mujer en la fuerza laboral que en los últimos 30 años. No hay duda que hay más mujeres en los centros laborales y por consecuencia su crecimiento hacia posiciones de gerencia o dirección en el futuro van a ser mayores. Por ello es bueno recordar que:

- La mujer en la sociedad moderna tienen las mismas oportunidades que el hombre. Si es consciente de su rol de agente de cambio, una jefa debe igual respeto y apoyo a sus colaboradores mujeres y varones.

- Al dirigirse a sus colegas debe mantener una actitud neutral. Lamentablemente se observa que aún hay mujeres en el poder que se sienten disminuidas frente al hombre y, con las mujeres, por el contrario, se exceden en el ejercicio de su autoridad.

- Las mujeres necesitan facilitar el desarrollo de colegas por su capacidad sin caer en favoritismos. La mujer tiende a cometer los mismos errores del hombre en el poder, hecho que contribuye a la perpetuación de patrones de comportamiento que mantienen la desigualdad en la sociedad. En este sentido es importante evitar el otro extremo. Por ejemplo en una conocida cadena de restaurantes de comida italiana en Estados Unidos, una de las principales ejecutivas es mujer y ha establecido reglas excesivas de protección y promoción a las mujeres creando un malestar y antipatía de los empleados varones con respecto a sus colegas femeninas.

- Es importante evitar contribuir al mito de Jefa mujer como sinónimo de conflictiva y amargada. Muchas veces la falta de experiencia y escasa tradición del sexo femenino en el poder hace que una vez alcanzado un puesto de dirección, la mujer se vuelve inaccesible y petulante. Estas actitudes no contribuyen a un ambiente de igualdad y solidaridad en la sociedad. Un comportamiento recomendable es mantener comunicación con sus colaboradores, aceptar sugerencias, evitar comentarios personales y sobre todo, mirar a sus colegas del mismo género con respeto e igualdad.

El trato abusivo, discriminatorio e ilegal que muchos hombres desarrollaron al ejercer el poder en el pasado no puede repetirse cuando una mujer tiene una posición similar. En ese caso sólo se han cambiado pantalones por faldas, pero no hay crecimiento humano en la sociedad.

Existe, de otro lado, el uso de la mujer como perpetuación de situaciones cuestionables para el acceso al poder y en ese sentido es importante hacer una seria evaluación de cómo ciertas mujeres han llegado a puestos directrices. Todavía se dan casos que por favoritismos no profesionales muchas acceden a cargos de importancia; en este sentido la propia mujer con mayor conciencia y más confidente en el control de su vida y respeto a sus derechos puede contribuir a la erradicación de estos patrones de comportamiento que ahondan su segregación.

Si la mujer continua con modelos tradicionales es porque la sociedad misma no ha evolucionado y es tarea de las mismas mujeres erradicar esa situación. Ya no se trata de cuotas o leyes. Es tarea de cada mujer de respetar y hacerse respetar para así marcar la diferencia.

Capitulo 10

Abuso del Acoso Sexual

Las leyes son importantes, pero depende de quien la aplica pues la mente humana y la sociedad en muchos casos ha tergiversado el objetivo inicial de las normas legales especialmente en cuanto a respeto e igualdad de la persona en un centro de trabajo. La constante de manipular la legalidad y olvidarse de los principios morales es lo que prima en la mayoría de casos de acoso sexual. Este comportamiento de muchas mujeres evidencia, una vez más la falta de respeto que todavía ellas no se tienen entre si.

Existen denuncias de acoso sexual en donde generalmente una mujer acusa a un hombre de sobrepasarse en avances reñidos con su moral, unas son ciertas otras no. También es bueno mencionar el caso de mujeres que abusan de su poder basado en favores sexuales para conseguir apoyo de hombres poderosos.

Volviendo al caso de acoso sexual de hombre a mujer cabe observar lo curioso de la denuncia es que generalmente se hace cuando la interesada no ha conseguido su propósito de avanzar profesionalmente, gracias a los favores al y del infractor. Por supuesto no todos los casos son iguales y existen abusos de jefes con subordinadas, pero como digo no siempre es lo que se dice y, es bueno recordar un antiguo refrán: "El hombre va hasta donde la mujer quiere".

La mujer que desea avanzar por sus propios méritos generalmente es solidaria con su género, es respetuosa de los derechos de sus colegas sin discriminación de sexo y evita jugar con los mismos elementos que hacen muchos hombres para perpetuarse en el poder.

Un caso digno de mencionar es el que se dio cuando en 1991 se presentó el proceso de confirmación del Juez Clarence Thomas a la corte Suprema de Estados Unidos. En dicha oportunidad una ex colaboradora del jurista, Anita Hill denunció haber sido objeto de acoso sexual por parte del propuesto juez cuando trabajaban juntos años atrás. Ante millones de espectadores la abogado afro-americana detalló los excesos verbales que Thomas(también afro-americano) había tenido con ella cuando trabajaban juntos. Curiosamente ella lo siguió en un segundo trabajo. La pregunta que todos se hacían era por qué no denunció el caso en su momento y esperó tanto tiempo. Al final la denuncia no afectó la designación del juez Thomas quien fue confirmado por el Congreso norteamericano. Las declaraciones de la Dra. Hill no fueron apoyadas por otras colegas que coincidieron en las oficinas donde laboraron el Dr. Thomas y la Dra. Hill.

Para los analistas políticos el tema fue considerado como una maniobra para evitar la designación de otro miembro conservador en la Corte Suprema norteamericana. De otro lado, algunas feministas consideraron que fue un error no tomar en cuenta las declaraciones de Anita Hill; pero otras defensoras de los derechos femeninos pensaron que la situación evidenciaba un aspecto muy común en los casos de acoso sexual. Esto es que, cuando la supuesta victima tiene expectativas de sacar provecho de cierta digamos "pasividad" frente al agresor, debido a su poder ya sea político o económico, ésta no denuncia el hecho. Pero, cuando siente que no hay posibilidad de "ganancia", denuncia el caso como una forma muy sutil de chantaje o venganza. Lo curioso del hecho es que la esposa de Thomas, después de casi 20 años del suceso ha reabierto la polémica al haber solicitado a la Dra. Hill que pida disculpas a su esposo, la Dra. Hill se ha negado rotundamente.

De otro lado, siguiendo el mismo caso, ha surgido recientemente una tercera mujer Lillian McEween, una abogado retirada y de amplia trayectoria en la función pública norteamericana quien dice que ella había sido amante de Thomas y que coincidía con la Dra. Hill respecto al comportamiento morboso y poco respetuoso del Juez Supremo. Además ha dado otros detalles que corroboran la falta de idoneidad de Thomas para el alto cargo que desempeña. La pregunta es ¿ Por qué la Dra. McEween no insistió antes en desenmascarar a este individuo? ¿Por qué no se solidarizó con la Hill?, Ella aduce que sí trató , pero que no fue tomada en cuenta. Aparentemente el problema era de rivalidad y falta de respeto entre ambas. Al final el país ha sufrido las consecuencias. Cabe mencionar que en los años que viene ejerciendo como Juez Supremo ,Thomas ha demostrado ser muy personal en sus juicios y está comprobado que el sustento de éstos no reflejan la erudición legal propia de un jurista de alta formación académica. Su voto ha hecho posible que derechos sociales ganados en el pasado estén en retirada.

Este caso de graves consecuencias para el pueblo americano pudo ser enmendado si las mujeres conocedoras de la parte no pública de la vida de Thomas – y que puede ser considerada reprobable y de gran importancia para su desempeño como Juez Supremo-, hubiesen sido más solidarias entre si y con una mayor conciencia social. Es muy posible que ambas, con ciertas inseguridades, hayan preferido manejarse en los altos estratos de poder dando prioridad a factores superficiales y de relación , a pesar de su innegable calidad de profesionales. Algo común y penoso entre las mujeres que acceden al poder.

En definitiva se puede observar que la mujer cuando abusa de su condición de mujer para alcanzar el poder, evidencia un desprecio por los miembros de su propio género, así como una baja autoestima e inseguridad que luego, una vez en la cúspide, se evidencia con maltrato y abuso a otras mujeres.

Igualmente es oportuno mencionar que en la tergiversada

creencia de igualdad sexual se dan casos de acoso sexual por parte de la mujer hacia el hombre. El abuso de poder no es exclusivo del varón. Tales circunstancias responden a la falta de conciencia social de mujeres en la sociedad actual y que están minando cualquier avance cualitativo de las féminas en la construcción de un mundo mejor.

Capítulo 11

La moda y la mujer

La moda ha sido considerada como compañera inseparable de toda mujer. Si bien hay casos extremos, en realidad la mujer siempre ha desarrollado una relación muy cercana entre el vestir y la autoestima. Es un hecho que el sentirse bien y no desentonar dentro del entorno que uno se desenvuelve, son requisitos importantes para desarrollarse social y profesionalmente; eso sí, sin exagerar. Igualmente ,cabe mencionar, este interés no es ajeno al hombre. Ambos, -hombre o mujer-, tienen la misma inclinación de vestirse y sentirse bien; así, no se puede asignar esta practica como característica única de la mujer. En realidad la moda tiene implicancias sociales, pues cuando se exagera se atenta no sólo contra la armonía entre los miembros del mismo género sino también al entorno en el que nos desarrollamos, de ahí la importancia de cómo la practicamos.

De otro lado, siendo la moda en el vestir, parte del quehacer humano, es oportuno recordar que los dictadores de la moda no son ajenos a los movimientos sociales pues su rol, muchas veces subestimado, ha reflejado el desarrollo e integración de la mujer en la sociedad.

A través de una ligera y reciente visión histórica podemos apreciar que después de la Segunda Guerra Mundial, con la creciente presencia de la mujer en diversos campos de trabajo en la sociedad, apareció la moda dictada por diseñadores franceses; especialmente Coco Chanel, quien con el famoso conjunto de falda y saco (respuesta femenina al terno) revolucionó y facilitó la presencia femenina en la fuerza laboral. (Ya en años anteriores había introducido los pantalones en el diario guardarropa femenino). Así, su aporte es importante pues con ella y su estilo no sólo se expresaron los cambios de una época, sino también se fueron dividiendo los guardarropas sociales de los de trabajo para las féminas y esa ha sido la característica en los últimos 60 años. Pero....los tiempos cambian.

A inicios del siglo XXI, la vestimenta de la mujer ha variado. Bajo el pretexto del desenfado se ha ido exponiendo mucho más el cuerpo femenino; la división entre vestimenta social y de trabajo se ha ido esfumando y nuevamente los dictadores de la moda no son ajenos al verdadero sentido de esta cuestionable tendencia. Especialmente en momentos en que la moda apunta a una imagen de mujer aniñada con estilos "baby dolls" ridiculizando mayoritariamente a la mujer de hoy y haciéndola retroceder en la historia hacia una presencia anecdótica, mas no real y constante. Igualmente la tendencia a un estilo "Drag Queen" (travestís) ha cundido en todas partes. Zapatos que parecen zancos, estilos exagerados de vestidos y maquillaje denotan una confusión que puede tener serias consecuencias en el comportamiento femenino. Estas últimas tendencias puede preverse como un avance de los grupos que buscan desdibujar la identidad de los géneros tradicionales.

Dentro de esta tendencia de exageración de estilos hemos visto a jovencitas y otras ya no tanto, con grandes escotes en la oficina o con apretados pantalones exponiendo gran parte de su vientre o de sus pechos. Una vestimenta muy atrevida que recuerda los grandes escotes de las cortes de Luís XIV, ¿casualidad? No. Se está reforzando la idea de mujer como adorno u objeto, no como ser humano.

Las mujeres, hoy en día los medios la han sobre- sexualizado y se percibe la creciente y excesiva importancia que éstas dan al aspecto exterior que va más allá de la vestimenta y de la búsqueda de la belleza. En ese afán van perdiendo su esencia, pues ya no sólo es vestimenta o maquillaje sino también cambio permanente a través de intervenciones quirúrgicas. Esta situación nos lleva a la reflexión en cuanto a cómo la mujer va perdiéndose en asuntos banales y olvida su rol como agente de cambio pues ha vuelto con mayor fuerza a su rol de mujer objeto, con algunas variantes pero en esencia perpetuando roles de siglos. Las características son, rivalidad, competencia, enfrentamiento en base al "producto expuesto". En cuanto la fémina es más atractiva físicamente y menos cuestionable intelectualmente, entonces ella es más aceptada. Esa es la regla de oro, en esencia se ha retrocedido.

Volviendo al vestir, es indudable que el guardarropa al igual que nos ayuda a vernos mejor, es una arma de doble filo en donde también permite el ser tomadas en serio o el seguir desarrollando papeles anecdóticos y, no olvidar que con excesos también se agrede a las otras mujeres.

Por ello es importante tener conciencia de lo que representamos cuando nos vestimos. La moda puede ser un motivo para vernos mejor, pero no es la respuesta total para vernos y sentirnos mejor. La parte interna, el desarrollo espiritual, la autoestima, la moral no pueden ignorarse pues se trasluce en la imagen que proyectamos. La forma de vestirnos es una forma de expresarnos y crear puentes de acercamiento o rechazo hacia nuestros semejantes. Por ello es importante esta práctica, pues también se puede agredir a nuestros compañeros de trabajo (hombres y mujeres) con la forma en que nos presentamos al centro de labores.

Algo para recordar al elegir vestuario especialmente para el trabajo:

-   Grandes escotes invitan a distraer al interlocutor y, en consecuencia el mensaje que se quiera emitir no es tomado en serio.

- Vestuario confortable ayuda a que la persona luzca más profesional.

- Los "stilletos" o tacos, y plataformas en donde la mujer está más preocupada de lucir "sexi" que concentrarse en el trabajo no son nada aconsejables para el uso diario en la oficina.

- Vestir al último grito de la moda , o el uso de artículos de marcas caras, no es sinónimo ni garantiza elegancia y distinción.

- Calidad y buen gusto se aprenden con observación y reflejan la real autoestima de la persona.

- Los centros de trabajo no son pasarelas de moda. Un vestuario discreto, elegante reemplaza a los más completos guardarropas del mundo.

- Informarse del evento, lo que es apropiado vestir para no caer en situaciones indeseadas es lo más aconsejable.

- Difundir entre las jóvenes ciertos principios básicos de buen vestir y discreción.

Es importante recordar que el aspecto exterior es importante pero no lo único para ser aceptada y tomada en serio. Asimismo, no puede restringirse el vestir como el elemento irremplazable para reconocer la capacidad profesional de colegas en el centro de trabajo o círculo de amistades. Es oportuno agregar que la observación es importante, pues al vestirnos sin tener en cuenta el lugar o la ocasión y presentarse con un vestuario inadecuado se incomoda a los que nos rodean. Así es mejor ser discretas y respetuosas de nuestro entorno cuando decidimos qué ponernos . La forma en que nos vestimos puede hacer la diferencia de cómo las personas se comportan con uno.

Capítulo 12

Educación

En todas las épocas la educación es un pilar determinante en el avance de todo grupo social. Dentro de este contexto, indudablemente las mujeres han tenido un tratamiento discriminatorio que muchas veces ha sido perpetuado por las propias féminas.

Mujer y Maestra

Desde los primeros años de enseñanza en muchos casos las niñas son expuestas a exclusiones por sus propias maestras. Este es un daño irreversible pues las discriminaciones de sexo o etnia a nivel social se inician y marcan la vida del individuo desde los primeros años de instrucción. Especialmente en los centros escolares mixtos el elemento femenino sufre una sutil agresión que ha generado un mayor desconcierto en las nuevas generaciones de mujeres. Se observa, por ejemplo que muchas veces se las margina en cuanto al acceso de conocimiento , así no les explican con la misma dedicación que a un alumno varón o alguna alumna de piel más clara.

Con gran preocupación se observa que en las grandes ciudades donde la multiplicidad de etnias y culturas se reflejan en los centros escolares, una de las grandes causas de deserción estudiantil en la niñas es la falta de tacto y apoyo de sus maestras. Las famosas estadísticas sólo se refieren a los elementos externos, nivel socioeconómico, disfunción familiar, género, entre otros. Estos porcentajes ignoran las causas donde muchos menores son víctimas de inescrupulosas docentes que los someten a situaciones de aislamiento, humillación y rechazo. Las niñas sufren con mayor intensidad estas acciones que se dan en todos los niveles y en todas partes del mundo. Específicamente con los altos índices de migración desde el hemisferio sur hacia el hemisferio norte, los niños y jóvenes que son objeto de mayor discriminación son los hijos de estos emigrantes, convirtiéndolos en parias y marginados.

¿Qué hacer?

Como mujer y maestra:

Tratar con igualdad a los alumnos sin diferencia de sexo. El uso de un lenguaje no sexista, propicia la autoestima e integración de jóvenes al margen de su sexo.

La sociedad actual requiere un esfuerzo especial para reafirmar la autoestima de sus integrantes, sean estos mujeres u hombres

La seguridad y el apoyo del docente (hombre o mujer)bien comunicados a sus alumnos marca la diferencia y son fuente de inspiración para los jóvenes (de ambos sexos). Además el efecto multiplicador del rol de educadores formará generaciones en donde la cuestión de genero no sea motivo de exclusión.

Los docentes deben tratar con igualdad a sus alumnos mujeres u hombres

Los padres deben, comunicarse con sus hijas (e hijos) y los educadores, para saber si son objeto de acoso u otra forma de discriminación. Muchas veces se cree que con mandar a los hijos a la escuela se ha cumplido. Lamentablemente la aventura escolar que empieza desde el nivel pre-escolar, es muy delicada para las niñas y también niños y, estas indefensas criaturas son víctimas de muchos profesores quienes llevan sus frustraciones y resentimientos a las aulas y los reflejan en el trato negativo especialmente hacia los menores emocionalmente más débiles.

La experiencia presente demanda una seria revisión del sistema educativo y la necesidad de una consciente evaluación de la salud mental de docentes y sus asistentes para determinar si éstos pueden ejercer profesionalmente su rol de guías de las nuevas generaciones.

Un aspecto común en nuestros días en todo el mundo son la aceleración de los movimientos migratorios, lo cual ha originado que muchos niños al igual que sus padres se desplacen a ciudades o pueblos ajenos a su lugar de origen. Debido a la deficiencia al comunicarse en el nuevo ambiente y muchas veces con idioma diferente, los niños son víctimas de discriminación lo cual hace que su integración educativa sea más difícil. En tal sentido se dan casos de personas que abusan de su condición de bilingües y sin mayor preparación se lanzan en la enseñanza tan delicada de estos niños. Para disfrazar sus limitaciones culpan a los educandos de incapacidad o limitaciones de aprendizaje. Por ejemplo se contratan expertas en problemas de lenguaje para tratar a niños que su único problema es no hablar el idioma local. Pero la demanda de estos expertos viene de supuestos educadores que desconocen métodos docentes y estigmatizan al infante con incapacidades inexistentes para así justificar su falta de idoneidad para el cargo, así como ignorancia . De ahí la importancia del monitoreo en la educación de inmigrantes en cualquier lugar del mundo. El hablar el idioma de origen de los alumnos no garantiza ni idoneidad ni un trato justo a los educandos. Y, es bueno recordar que son las mujeres quienes forman la mayoría del personal docente y tienen un rol protagónico.

Igualmente es oportuno mencionar otro creciente problema cual es , el acoso sexual en las aulas. Este comportamiento se da más entre profesor y alumna o alumno aunque últimamente se han hecho públicos casos recientes en donde docentes mujeres acosaban también a niñas o niños. Esto refleja la crisis de valores morales en que se vive en los centros educativos. Se requiere una constante supervisión de las autoridades para evitar estos atropellos a la inocencia e integridad de los niños en general.

En todo momento, un persistente consejo a las hijas e hijos y recordarles que nadie tiene derecho a tocar el santuario de su cuerpo, menos aún siendo una maestra o maestro que le ofrezca favores a cambio de aceptar situaciones reñidas con la moral. Nuevamente , indistintamente del sexo, los padres deben poner énfasis en la educación y prevención de la integridad de su prole. Propiciar la comunicación de los jóvenes (hombres y mujeres) con sus progenitores y compañeros es una garantía de control de cualquier abuso.

Si bien el objetivo de este libro es establecer pautas para un mejor trato entre mujeres, no se puede ignorar que vivimos en una comunidad donde tanto hombres como mujeres están sujetos a discriminaciones que marcan su exclusión en la sociedad. En tal sentido son nuestros comentarios. Y, enfatizamos que, el rol de la docente mujer con educandos mujeres debe ser más cuidadosa pues este es el sector de estudiantes que tradicionalmente ha recibido mayor agresión, discriminación y postergación. Y, no olvidar que una forma común de discriminación a las niñas generalmente se percibe en la limitación de sus oportunidades en matemáticas y ciencias.

Capítulo 13

Mujer y Madre

Es indudable que la maternidad es una bendición que la naturaleza ha dado a la mujer. Pero ¿todas están preparadas para ello?, ¿son honestas al asumir su maternidad?¿ las mujeres son solidarias con sus hijas mujeres?. La ambivalencia de sentimientos de amor y odio como una de las características de las madres es otro aspecto a considerar pues existen encontrados sentimientos propios en las progenitoras que muchas veces no se ajustan a los tradicionales conceptos de maternidad. Además, teniendo en cuenta que en todo el mundo muchas adolescentes llegan a ser madres y no están preparadas para ello vemos que el tema es complejo y serio.

El lado positivo.....

"Yo soy una hija tan amada por mi madre, por mi hermana mayor Dulce que no puedo pedir más: yo creo que las mujeres me aman y yo las amo en retorno"(Arthur o la suerte de vivir, Francoise Giroud).

Al recordar las expresiones de la escritora francesa Francoise Giroud, no me queda duda del efecto multiplicador de la maternidad. Es evidente que las mujeres como madres en la mayoría de casos, marcan la diferencia en el comportamiento del individuo de por vida sea este mujer u hombre.

El lado negativo...

Hace varias décadas tuve la oportunidad de ofrecer charlas a madres de barrios marginales en Lima, Perú. Las mujeres se quejaban del mal comportamiento de sus hijos e hijas . De los hijos decían que se parecían al padre y que muchas veces recibían golpes no sólo del esposo , sino también de los hijos. De las hijas no hablaban mucho eran casi invisibles y siempre cuestionaban su falta de respeto; la gran mayoría esperaban que en cuanto crecieran se encontraran un marido para que las proteja. Ninguna cuestionaba el origen de la falta de auto respeto o respeto por sus progenitoras Casi siempre un tinte de rivalidad caracterizaba la relación madre-hija.

Las madres definían el destino de sus hijos con esta actitud de aceptación a su poder de macho. A la hija no se le enseñaba auto-respeto, ni búsqueda de mejores horizontes. Ellas mismas ignoraban esos conceptos.

Otro caso es el descrito por Rita Adria en su diario que dio lugar al film "La chica Siciliana" (2009), una joven que en venganza de las muertes de su padre y hermano denuncia a la mafia de su pueblo en el sur de Italia. Su madre reniega de ella por considerarla traidora a la mafia y le recuerda que nunca la quiso y que estuvo a punto de abortarla. Luego, en el film se ve cómo la progenitora destruye la tumba de su hija. Todo basado en hechos reales.

Casos similares son tratados en el libro publicado recientemente por Bárbara Almond titulado: " El monstruo dentro, el lado oculto de la maternidad". En el mismo la autora habla de la mezcla de sentimientos de amor y odio que experimentan muchas madres y la vergüenza y culpabilidad así como ansiedad que éstos engendran en ellas.

Existe otra cara de la medalla, como el caso de la Giroud en donde sus familiares femeninos más cercanos la hicieron querer a su género. Pero, cuando hay rivalidad entre progenitora e hija la característica principal en sus relaciones es la incapacidad de comunicar el auto-respeto mutuo. Muchas madres, no todas, ven en sus hijas a rivales potenciales, ya sea porque es joven y mejor parecida o porque el padre tiene una especial atención por ella. Caso opuesto al de la progenitora de la señora Giraud quien fue la primera Ministra de Asuntos Femeninos en Francia, y fue cuestionada por las feministas de su país debido a su falta de radicalismo; al margen de este aspecto de su gestión pública, indudablemente es un ejemplo de vida digno de difundir. Según refiere en su obra, su madre llenó el vacío que dejó el padre quien desde su nacimiento la hizo sentir culpable por no haber nacido hombre. Y, cosa curiosa el trato paternal la marcó toda su vida. En sus memorias relata el sentimiento de culpa que tuvo al asumir su cargo de Ministra y el de actuar como sus colegas varones, hecho que consideraba una traición a la corriente feminista. Al margen de estas consideraciones, su triunfo y seguridad indudablemente tienen relación directa con el trato que recibió de su madre y hermana mayor .

Existen otras historias como el de Isadora Duncan, la artista californiana que es un icono en cuanto a su vanguardismo, no sólo en la danza, sino en el comportamiento de una feminista en todo el sentido de la palabra . En su libro "Mi Vida" refiere que a los 12 años, cuando sus padres se divorciaron, ella decidió defender los derechos de la mujer. Igualmente cuenta que el presenciar la suerte de su madre y amigas al ser humilladas física y espiritualmente por sus conyugues, hizo el voto de "nunca rebajarme en ese degradante estado (matrimonio)". Así observamos el otro efecto de relaciones entre madre e hija , en donde sin palabras o gestos, la hija recibe el mensaje de vida de su progenitora de evitar situaciones denigrantes a su condición humana.

En mayo del 2009,   la Dra. Sonia Sotomayor, al aceptar su nominación como miembro de la Corte Suprema de Estados Unidos , expresó agradecimiento y admiración a su madre al decir que,   "gracias a ella soy lo que soy y no soy siquiera la mitad de mujer que ella es.." Su madre es una enfermera retirada quien al morir el esposo crió y educó a sus dos hijos menores. Hoy la hija es la primera mujer de origen hispano que ostenta al más alto rango en el sistema judicial estadounidense y el hermano de la Dra. Sotomayor es un destacado medico.

El nexo entre madre e hija es determinante en el comportamiento futuro de la niña quien luego como mujer repetirá o cortará el círculo de discriminación y pasividad en la sociedad. La influencia es similar con los hijos varones.

Lamentablemente, a principios del siglo XXI –salvo grandes y hermosas excepciones- se desdibuja una perpetuación de patrones femeninos cuestionables debido a una nueva forma de postración femenina en la sociedad. Todavía se observan casos en donde la madre, en lugar de ser amiga, confidente y consejera se convierte mayormente en motivo de conflicto con condiciones y exigencias que sólo establecen relaciones distantes en donde la hija no tiene respeto por si misma , su madre u por otros miembros de su mismo género.

Otras madres propician una actitud cuestionable en sus hijas con la excusa que "no deben ser tontas y no repetir la ingenuidad de su madre". De esta manera, mujeres profesionales y educadas "entrenan" a sus hijas para conseguir lo que se proponen cueste lo que cueste y siguiendo moldes tradicionales cuestionables en cuanto al "uso de sus atributos femeninos" . Ya no se trata pues de mujeres ignorantes que no saben cómo educar a su prole, sino mujeres preparadas que no tienen escrúpulos en educar un nuevo tipo de fémina, sumamente hedonista y ambiciosa en donde solidaridad y respeto son palabras negadas en su forma de vida. La proliferación de este tipo de mujeres en la sociedad en todo nivel lo que consigue es contribuir a la crisis de valores que se viven en una sociedad cada vez más inhumana.

Y, ese es el tipo de mujer que vemos hoy en día. Pero, ¿ realmente eso es lo que deseamos para bien de la sociedad?. Pienso que no.

El efecto multiplicador de las madres en la sociedad es innegable. A pesar de los modernismos de hoy en día una madre define la conducta del individuo desde los primeros años de vida. Una madre prejuiciosa e inescrupulosa tendrá en sus hijos los frutos de esa actitud ante la vida. Muchas veces nos encontramos con jóvenes –sin distinción de sexo- irrespetuosos, racistas, intolerantes y cuando vemos a sus progenitores/as encontramos el origen de esa mediocre actitud ante la vida.

En este nuevo siglo nos encontramos que muchos de los jóvenes de hoy son violentos y sin conocimiento de lo que significa ser un ser humano con escala de valores morales propios de una sociedad civilizada. Para muchos este tipo de comportamiento entre la juventud es resultado de una educación pública irresponsable así como de sus disfuncionales familias. Y, las madres por supuesto tienen un rol decisivo.

¿Qué hacer?

Teniendo en cuenta la cercanía y efecto de las relaciones madre-hija, es bueno recordar que:

-La madre debe ver en su hija (e hijo) su propio espejo en donde se multipliquen las buenas experiencias de crecimiento y realización personal. Las mujeres propician el machismo entre los hombres desde su nacimiento especialmente al tener actitudes sobre-protectoras. Las hijas por su parte continúan las cadenas de sumisión y baja autoestima aprendidas desde pequeñas a través de su progenitora.

-La critica constructiva con consejos y soluciones deben ser impartidos en forma lógica y oportuna.

-El cultivo de valores éticos es sumamente importante entre padres e hijos . Hace algún tiempo tuve la oportunidad de ver en televisión a una joven que quería vender su virginidad por Internet. La joven aducía que con ese dinero podía ayudar a su familia y también completar su educación. La forma irrespetuosa en que ésta trataba a su madre (el padre había fallecido) desdecía sus aparentes buenas intenciones. Su marco moral era totalmente trastocado, lo cual se reafirmó al confirmarse que no era virgen y con un tecnicismo cuestionable ella insistía que sí lo era . Una madre pusilánime acudía a una juez de la televisión para hacer reflexionar a su hija sobre este acto de prostitución, pero ¿cuáles fueron los instrumentos morales que tuvo al educar a su hija? Esa es una pregunta con muchas respuestas . De otro lado, existen otros casos donde la madre abiertamente propicia la prostitución de sus hijas. En los países de Europa del este, por ejemplo (y no es el único caso), donde el comercio de las esclavas sexuales es una epidemia, muchas madres prácticamente obligan a sus hijas a prostituirse al igual que en otros países pobres del planeta donde la pobreza se confunde con miseria humana.

Es importante recordar:

1. Los primeros cinco años en la educación de un individuo son determinantes. El amor, la definición de valores son aceptados naturalmente.

2.La presencia permanente de los progenitores, a pesar de las exigencias de la vida actual, una constante evaluación de la relación padres e hijos, hará personas mejor preparadas y más conscientes de nuestro aporte en la sociedad para bien y no para mal.

3.La segregación, prejuicio, arribismo, son conceptos que nacen en el hogar y generalmente la autoría pertenece a una mujer. Lamentablemente la experiencia de vida nos hace reconocer el negativo aporte de la mujer en la formación de las nuevas generaciones. No se confunda la presencia física constante la cual puede ser compensada con una buena educación con valores definidos que deben inculcarse desde los primeros años de vida.

Capitulo 14

La relación entre familiares mujeres

Es triste confirmar la vigencia de antiguos patrones en donde la rivalidad entre hermanas, cuñadas, suegras y nueras permanece con nuevas características pero en esencia siguen dividiendo el núcleo familiar. A veces en broma, otras en serio; siempre hay un comentario capcioso para justificar un enfrentamiento que es ilógico. Muchas veces sucede que sin conocer a la otra persona ,–caso de parientes políticos-, ya se habla o se actúa en contra de ellas. O, todo lo que venga de ellas es para desconfiar.

De donde viene este comportamiento? La historia, como siempre escrita mayormente por varones, ha documentado esta "confrontación" en las relaciones de los familiares del sexo femenino.

Por el contrario pocas veces se da cuenta de historias en donde hermanas, cuñadas o nueras y suegras son amigas y conviven armoniosamente para bienestar de la familia, y estos casos sí existen y han existido pero no han sido difundidos.

La relación entre hermanas es un tema poco documentado, pero en esencia existen problemas de competencia y atención que se inician en la niñez, cuando ha habido poca atención en el desarrollo afectivo de las niñas. Esa semilla tiene terribles consecuencias porque genera un distanciamiento espiritual entre ellas y en consecuencia se dan relaciones conflictivas. Es labor de los padres el enseñar cariño y respeto entre hermanas. Evitar preferencias y crear sólidos sentimientos de solidaridad entre las mismas. Nada es más hermoso que la relación sólida de amistad y afecto entre hermanas, es un tesoro que hace ver la vida con positivismo y seguridad. Respeto por la individualidad es el ingrediente principal para las relaciones exitosas entre hermanas.

Cuando nos relacionamos con nuestros parientes mujeres, especialmente las de origen político se requiere una gran atención y tacto. Todos tenemos cualidades y defectos, el reconocerlos y respetarlos crea un campo fértil para el cultivo de una amistad que fortalecerá los lazos de cada uno de los miembros del núcleo familiar.

La intriga, el celo, la envidia entre parientes empiezan con uno de sus miembros, casi siempre mujer, seamos consciente que con el esfuerzo individual podemos re-escribir la historia y crear nuevos puentes y formas de relaciones que a largo plazo construirán un mundo mejor.

El celo por la suegra, cuñada u otro pariente político mujer, es negativo. Lo importante es reconocer el problema –que se da en todos los estratos socio-económicos en mayor o menor medida- y buscar soluciones. Un acercamiento sano, honesto, sincero abrirá puertas para una relación sana y armoniosa donde todo el núcleo familiar será beneficiado.

Sería bueno recordar que:

- Una hermana está relacionada por un vínculo de sangre, de educación, de sueños comunes y es bueno respetar y esperar respeto de ella. La competencia está fuera de lugar y la lealtad es un ingrediente inseparable en el amor y relación de hermanas.

- Antes de hablar mal de la suegra, hermana o familiares políticos es bueno conocerlos y, si no hay afinidad alguna establecer un termino medio de respeto sin animosidad o encono. Evitar la incomunicación. Una relación amable, sin conflicto es lo ideal.

- Reconocer que antes de conocer a la pareja ésta tuvo una familia con padres y hermanos y que hay que respetar ese núcleo familiar.

- Ser conscientes que nadie puede obligar afectos, pero sí una relación en donde se pongan en práctica sentimientos sanos y constructivos. No porque es mi cuñada es mala. O no porque es mi suegra debo enfrentarme a ellas.

Igualmente, la suegra no tiene porque inmiscuirse en la vida de la nueva pareja.

- Respeto, a los hijos e hijas por igual, así como a sus parejas.
- Nadie puede asumir roles que no les corresponde. Una pareja, necesita tiempo y privacidad, la presencia de suegras, cuñadas u otro familiar político debe ser limitada y no sobrepasar límites que en ultima instancia arruinan a los conyugues.
- Y, cuando se trata de hermanas, madres , primas o tías, encontrar intereses comunes, conocimiento sano y positivo de ellas y no prejuzgar o comentar sin razón alguna. Todas tenemos los mismos temores, sueños y deseos y reconocerlos nos hace fuertes y solidarias.

Capitulo 15

La Amistad Femenina

La amistad femenina en diferentes países y culturas refleja la realidad en donde se desarrolla. Esta situación es explicada por Elaine Audent, la escritora canadiense quien en su libro "El corazón pensante. La delicada protección de la amistad entre las mujeres", indica que "...En los países musulmanes, por ejemplo, la amistad es para las féminas un arma de supervivencia para contrarrestar el ahogamiento integracionista". Actualmente este es el caso de países como Argelia, Afganistán, Irán y Bangladesh. En el mismo libro Audent hace referencia a la ausencia en textos históricos en donde se haga referencia a la amistad entre mujeres. Agrega que "los raros teóricos que han tratado el tema de la amistad entre mujeres admiten que es un placer de la vida (de éstas). Ellas reconocen la diferencia entre los limites de la amistad y el lesbianismo que es la opción de ciertas mujeres de relacionarse exclusivamente con las mujeres en todos los aspectos de su vida. En una amistad la cuestión de fusión importa más que el reconocimiento lucido de la singularidad de la otra y de su autonomía, a diferencia de la pasión amorosa que es marcada por la exclusividad y un deseo más o menos ciego. Personalmente creo que la amistad sobrepasa toda tentativa de categorización, sexual o de otro sentido, y que ella nace simplemente parafraseando a Montaigne, "porque eres tú, entonces soy yo", describe la autora canadiense.

Esta forma ideal de relación entre féminas como vemos varía de país a país. En los países de habla hispana, por ejemplo la amistad es reflejo de siglos de exclusión y todavía se percibe sus efectos en la forma en que se relacionan las mujeres. Las amigas tienen una connotación superficial y pocas veces trascendente. El individualismo y competencia marcan un sello heredado mayormente por los españoles. Entre las de origen exclusivamente indígena existe una solidaridad de genero (similar a las árabes), pero no en la forma individual e intima que se da en el caso de las europeas o americanas especialmente después de la etapa feminista. Aunque es oportuno hacer notar que la rivalidad y envidia entre mujeres existe en todas las culturas, salvo honrosas excepciones.

En el caso latinoamericano, ya sea entre mestizas o indígenas existe una falta de solidez en cuanto al mutuo respeto entre ellas que se manifiesta mayormente en acciones de discriminación, infidelidad y traición siendo casi siempre el trofeo la preferencia de un hombre. En otros países también se dan estos casos, pero en menor frecuencia. La baja autoestima es el ingrediente principal para el comportamiento desleal entre mujeres.

En Estados Unidos ha habido una evolución y hoy en día se le da una importancia cada vez mayor a la necesidad de considerar la amistad pura y platónica entre mujeres como un ingrediente importante en la vida moderna. La Dra. Ruthellen Josselson, coautora de "Las Mejores Amigas: Los placeres y peligros de la amistad entre chicas y mujeres" (Three Rivers Press, 1998), reconoce la importancia de atesorar nuestras amigas y no ponerlas de lado. Como ella dice, "cada vez que estamos muy ocupadas con el trabajo y la familia, lo primero que hacemos es poner de lado a nuestras amigas. Eso realmente es un error, porque las mujeres son una fuente de fortaleza entre ellas. Nosotras nos cuidamos. Y, cuando necesitamos tener un espacio sin presiones donde podamos tener una conversación como las que tenemos entre las mujeres, es una experiencia reconfortante..."

Recientes estudios en la Universidad de California de Los Angeles, revelan que la amistad entre mujeres tiene efectos positivos en nuestra salud mental, pues nos ayuda a sobrellevar momentos de estrés. El compartir y conversar sobre nuestros problemas con personas amigas, especialmente entre mujeres, según la investigación permite la producción de una hormona (oxitocina la misma que se encarga de las contracciones del útero en el parto y de la producción de la leche materna y que origina sentimientos de afecto entre las mujeres) que les permite sobrellevar situaciones difíciles evitando menoscabar su salud mental y aumentando sus expectativas de vida. El mencionado estudio ha sido realizado entre hombres y mujeres y refleja una nueva visión respecto a una histórica creencia que, a diferencia de los hombres, las mujeres no desarrollan lazos de amistad entre ellas.

Otra prueba del estudio es el efecto en la salud física. En dicha investigación de las Dras. Candyce H. Kroenke, Laura D. Kubzansky, Eva S. Schernhammer, Michelle D. Colmes y Ichrio Kawachi de las Universidades de Berkeley de San Francisco, Escuela de Salud Pública de Harvard, y el Hospital de Mujeres de la Escuela de Medicina de Harvard en Boston , respectivamente, quienes llegaron a la siguiente conclusión: "después de haber realizado una investigación entre 2,835 mujeres diagnosticadas con cáncer se observó que las mujeres aisladas tenía un alto riesgo de mortalidad después de haber sido diagnosticadas con la enfermedad. Las que presentaban mayor índice de supervivencia tenían el apoyo de amigas y familiares cercanos".

Si bien muchas veces algunas mujeres no valoran la presencia de una amiga que siempre está dispuesta a escuchar y compartir experiencias, este comportamiento y sentimiento solidario sí es parte de su existencia y como se aprecia es ratificado por investigaciones científicas como la mencionada líneas arriba.

La otra cara de la moneda demuestra que también existe ese secreto compartido de no confiar en otra mujer o de haber recibido maltrato de ésta, estudios recientes lo corroboran. El libro de Kelly Valen, publicado en 2010, ¨ La torcida hermandad (sisterhood) Develando la oscura herencia de la amistad femenina ¨ ofrece esta otra visión y confirma lo expresado líneas arriba. En el libro la autora indica que basada en una encuesta entre más de tres mil mujeres de todo Estados Unidos llegó a la conclusión que el 84 por ciento de las mismas declararon haber sufrido terriblemente en las manos de otras mujeres. Que el 88 por ciento sintió en algún momento la dureza y negatividad de ellas y que el 96 por ciento de todas las encuestadas quieren algo mejor en el trato entre mujeres y niñas.

Estos porcentajes son preocupantes pues reafirma el concepto que todavía las mujeres siguen divididas y enfrentadas como siempre. Los medios de comunicación masiva no ayudan y , muy por el contrario, contribuyen a ese ¨ tradicional ¨ enfrentamiento femenino.

Pero haciendo un pequeño paréntesis ¿qué es la amistad hoy en día?

Al margen de los teóricos y cientos de libros escritos al respecto, hay una gran verdad : la vida es más llevadera con buenas amistades. Su apoyo nos ayuda a superar momentos de tristeza, dificultades y también a celebrar momentos de alegría y triunfo. Una amistad sincera es una forma de amor, donde el interés y el olvido no existen. Tampoco la competencia ni el morbo por los fracasos o penas del otro. Pero, ¿cuántas veces nos hemos encontrado con situaciones en donde nos sentimos defraudadas por el comportamiento inexplicable de una amistad femenina?.

Es muy cierto que entre amigas mujeres muchas veces exigimos lo que no damos y en lugar de crear condiciones estables de relaciones; el miedo, la falta de comunicación hace que se desarrollen lazos superficiales y no se sepa crear lazos fraternos fuertes. Tradicionalmente se ha exagerado respecto a la forma de relación entre mujeres. O bien se le ha asignado una forma anecdótica, dramática, o se ha confundido con lesbianismo , o, de otro lado, se ha disminuido su trascendencia evidentemente en forma intencional.

Podemos percibir que se ha querido menoscabar la capacidad de la mujer para establecer relaciones valiosas y estrictamente espirituales en donde la relación sobrepasa cualquier interés pasajero al igual que los hombres.

Además de la superficialidad, tradicionalmente se ha caracterizado la relación entre mujeres de comadreo e intriga. Muy por el contrario cada día se encuentran más documentos en donde las mujeres expresan sus sentimientos de amistad por otras mujeres en forma más altruista y edificante. Por ejemplo recientes estudios revelan que al cruzar del este al oeste de los Estados Unidos, las mujeres de los colonizadores se apoyaban con comida y consejos para superar los diversos obstáculos que encontraron en su viaje hacia la conquista de la nueva frontera. Al igual que cambiaban opiniones de las experiencias vividas también compartían recetas y remedios para cuidado de la familia. Su apoyo organizado hizo posible la gran aventura por la conquista del oeste americano. Así, el comentario de experiencias entre mujeres no es tan superficial como se le ha caracterizado a través de siglos.

Esas historias no nos han llegado y por el contrario, muchos hemos crecido escuchando que las mujeres cuando se reúnen sólo hablaban acerca de la moda o de la vida de otros, o que sólo se era amiga de alguien por conveniencia o para tramar una maldad. Y eso no es toda la verdad.

En esencia debemos de ser conscientes que esos "supuestos patrones de comportamiento" deben erradicarse por el bien mismo de la sociedad. Nada quita que hayan relaciones superficiales, pero que no se subestime la existencia e importancia de la amistad entre mujeres pues ese es uno de los grandes vacíos de la historia el haber ignorado y subestimado la relación y apoyo que siempre ha existido entre ellas.

Intencionalmente se ha documentado sistemáticamente la rivalidad, la intriga, la falta de amistad entre las mujeres y eso es una parte de la historia, al igual que ocurre entre los hombres. También existen casos de amistad y entrega desinteresada en donde se han puesto de lado intereses personales a favor de un semejante o un grupo.

Para justificar la dominación y opresión se ha perpetuado patrones educativos que desarrollan una competencia negativa entre las féminas y nada mejor que difundir historias en donde la madrastra o la hermanastra malas eran ejemplos comunes de este comportamiento destructivo. Y, en resumen todas las otras mujeres fueron y son malas. Pero, eso no es casual. ¡Ah la historia de la cenicienta tiene tantas vértices negativas en contra de la condición femenina! Esa tradicional historia que propicia el concepto donde las mujeres necesitan esperar por su príncipe para que les facilite el camino y las protejan por siempre.

La rivalidad como característica principal entre féminas ha permitido que eso las anule para el logro de fines comunes. La presencia de un hombre como "manzana de la discordia" ha sido la justificación y ha contribuido a que las cosas sean más complicadas. Ya sea un padre o un hermano o un enamorado, si está presente en la relación de dos féminas estas se hacen sumamente difíciles pues implica competencia de quien consigue la mayor atención o favor del hombre. Así se ha educado a la mayoría de mujeres y quien diga que no, desconoce mucho de su condición femenina.

La sinceridad es otro ingrediente aparentemente difícil de cultivar entre mujeres. Con la excusa de una sonrisa muchas destruyen la vida de otra que dice ser su amiga al difundir un rumor aparentemente ingenuo y gracioso. Ser sincera al relacionarse con otra mujer implica honestidad y simpleza frente a los hechos. Cualquier excusa puede empañar esta condición determinante en una sana relación de amistad. Hace algunos años creí tener una amiga y colega de trabajo. Cuando le pedí su apoyo para un cambio laboral, debido a su influente posición en el lugar donde laborábamos, "mi amiga" se negó rotundamente y coincidentemente ella usó la información para su beneficio. Meses después me llamó para invitarse a venir a mi casa. Yo recién me había casado por civil y estaba organizando la boda religiosa y en esos días tenía la visita de los padres de mi esposo. Le expliqué a esta supuesta amiga mi problema y se molestó pues yo destruía sus planes para celebrar su cumpleaños. En realidad no le di importancia al incidente. Pero, 20 años después, por casualidad; me encontré con una persona a quien yo desconocía y que había recibido una historia totalmente distorsionada. Así, una persona ajena a los hechos consideraba que yo había actuado egoístamente al no acoger en mi casa a esta supuesta amiga a quien precisamente no la volví a ver desde el lamentable incidente. ¿Falta de comunicación?, posiblemente. Lo que más me perturbó fue lo fácil que fue para esta supuesta amiga indisponerme, frente a alguien que no me conocía, pero que sí se formó una mala imagen de mi persona sin una verdadera razón que lo justifique. La experiencia sirve para ilustrar la forma tergiversada e irresponsable que muchas veces se da en una amistad que no es madura y respetuosa. Y que, siempre exigimos lo que no damos.

Pero, ¿cómo definimos la amistad en el mundo en que vivimos?

La amistad es un regalo de vida. Como dice un viejo refrán, "a los familiares no los escogemos, pero a las amistades sí". Y, es tan hermoso confiar en alguien a pesar del tiempo y la distancia.

La vida moderna nos somete a constantes pruebas. Ya sea la lejanía, la cuestión de supervivencia se convierten muchas veces en excusas para evitar desarrollar lazos con nuestros semejantes. Lazos que impliquen compromiso, solidaridad y apoyo espiritual. La amistad es un reto de vida, es como una flor que requiere la calidez de nuestros afectos y el sol de la franqueza y lealtad. Para mi, mis hermanas, primas, y otros familiares, primero son mis amigos y luego mis parientes y eso hace valorarme y valorar a las mujeres en general.

El sentimiento sano, afectuoso, leal que se da entre dos personas, al margen de su género sexual, es un regalo de vida. La mayoría de mujeres no sabe cultivar ese hermoso sentimiento porque han sido educadas con la idea de desconfianza y competencia entre personas del mismo sexo ignorando que tienen las mismas inquietudes, sueños y frustraciones. Lamentablemente , todavía se escucha a mujeres decir mis mejores amigos son hombres. Lo cual nadie cuestiona. Pero cuando se dice no confío en otra mujer, entonces nos preguntamos, ¿Por qué muchas mujeres no confían entre sí? Probablemente porque no hacen el esfuerzo de conocerse asimismo y conocer a otras mujeres.

Pocas mujeres se dan el trabajo de cultivar un sentimiento sano ajeno a todo interés con otra amiga. Nadie dice que no exista la verdadera amistad entre mujeres, pero son las menos. Además todavía existen rezagos de competencia y falta de sinceridad impuestos por la sociedad que prácticamente sigue tratándolas como menores de edad e imponiendo patrones de conducta ancestrales. Pero eso no es casual. El enfrentarnos permite una mejor manipulación de las conciencias de las féminas. Mientras más distraídas y divididas estén menos posibilidades de ejercer su función de agentes por el cambio hacia una sociedad más armónica y justa.

¿Cómo podemos desarrollar una amistad entre miembros de nuestro mismo sexo?.

- Respetar y reconocer nuestra esencia humana.
- Valorar, reconocer las cualidades de los otros, sin envidia ni egoísmo es mucho más trascendente cuando se trata de mujeres
- Lealtad. Aprender a ser genuinamente fiel a otra mujer es algo difícil de cultivar pero no imposible. Saber dar lo que exigimos de los demás. Si esperamos que sea regular e inseparable, sincera y honesta, recordar que el compromiso es mutuo.
- Saber escuchar y callar. Cuando somos depositarias

de un secreto saberlo guardar como propio. Saber que si escuchamos en el momento oportuno también se nos escuchará cuando necesitemos expresar nuestras inquietudes.

Para concluir este capítulo transcribo un chiste que encontré en la Web sobre la diferencia de la amistad entre seres del mismo sexo :

"Amistad entre mujeres:

Una mujer no viene a casa una noche y le dice a su esposo que durmió en casa de una amiga. El esposo llama a diez de sus amigas y todas le dicen: "no ella no durmió acá".

Amistad entre hombres:

Un hombre no duerme una noche en su casa y le dice a su mujer que lo hizo en casa de un amigo. Su esposa llama a diez de sus amigos, ocho le dicen " que sí durmió en su casa. Dos de ellos dicen que todavía está con ellos". (Chico Malo, Orble.com)

Como todo chiste (generalmente difundido por varones) se exageran las situaciones para lograr una sonrisa, y si bien el ejemplo no es muy edificante, en esencia refleja la tónica de la amistad entre mujeres, la falta de compromiso, de lealtad, de hermandad.

En resumen, cada cultura ha ido desarrollando , -de acuerdo a la situación de la mujer en su medio-, una forma de amistad entre mujeres que refleja el verdadero avance en cuanto a realización y aceptación de éstas como seres humanos. Es importante resaltar que en general hay pocas experiencias escritas que ofrezcan modelos de una positiva identificación en la relación entre mujeres a través de la historia. Me gustaría ver que esa negativa tendencia cambie en el futuro próximo para beneficio de la sociedad en general.

Capítulo 16

La infidelidad y falta de lealtad entre mujeres

El tergiversado concepto de amistad entre mujeres divulgado por los medios y a través de la historia (y que tienen mucho de cierto) contribuyen a una actitud poco leal y conflictiva entre féminas, especialmente cuando la rivalidad es y ha sido el ingrediente principal. Dentro de esta visión se percibe la errónea perpetuación de situaciones que justifican el rol de mujer en casos de infidelidad. Generalmente se cuentan historias en donde una pareja de esposos de repente se divorcia porque la mejor amiga de la esposa resultó enamorándose del hombre quien ingenuamente correspondió a los avances de la supuesta amiga. En la ficción hasta se trata de justificar la inmoral acción describiendo a una esposa odiosa y aprehensiva para justificar la traición de la amiga que muchas veces es descrita como dulce o más hermosa o más joven. Todos estos manipuleos en historias ficticias tienen repercusiones en la realidad y no es nada casual. La antigua receta de "divide y vencerás" se sigue aplicando. En la actualidad no podemos decir que el asunto de la infidelidad es tratado como un problema de relación y mayormente se "justifica" con la presencia de una tercera persona, casi siempre es la mujer quien traiciona la confianza de otra mujer para lograr su propósito principal cual es ganarse el trofeo-hombre. En cambio los hombres sí demuestran más respeto por la relación existente en la vida de una mujer.

Lo que pocos se preguntan es qué lleva a una mujer a desear a un hombre comprometido. ¿Por qué son mayoritariamente las mujeres quienes provocan el rompimiento de una pareja en relación con los hombres como causantes de la infidelidad?

En esencia, si bien muchos varones piensan que ellos son los ganadores, son las mujeres inescrupulosas que no saben respetar los derechos de otras mujeres las que en última instancia triunfan. Teniendo siempre en perspectiva que toda relación es libre, no se puede negar que existen limitaciones en cuanto al establecimiento de nuevas relaciones sentimentales cuando ya existe una relación en una pareja. La infidelidad es un problema moral, que no es tratado seriamente pues goza de la aprobación masculina, porque justifica el concepto de seres inferiores que en general se asigna a la mujer en cuanto al cultivo de valores de autoestima y respeto a los semejantes.

Por ello, muchas mujeres al iniciar una relación deberían preguntarse

¿Es un hombre libre?

¿Me atrae él o la idea de quitarle el hombre a otra mujer?

¿Qué consecuencias tiene para esa otra mujer mi relación con su pareja?

¿Puede llamarse amor al hecho de causar rompimiento y problemas para los hijos de ese hombre-objeto?.¿Es eso amor?

Todas estas consideraciones son válidas en la medida que ayudan a reflexionar sobre una situación que es errónea desde sus inicios. Es verdad que nadie es dueño de nadie, que nadie obliga a nadie y que nadie avanza cuando la relación es sólida. Pero también hay casos en donde las mujeres buscan hombres casados o con compromiso porque es un reto y porque realmente no se respetan así mismas. Con la sobre-sexualización de la mujer del siglo XXI ahora el principal ingrediente justificatorio de la infidelidad es la falta de entendimiento sexual de la pareja. De esta forma, el juego de la competencia entre mujeres toma un nuevo cariz que en última instancia solo disfraza una antigua frase : "él me prefiere, porque .. lo trato mejor, soy mejor en la cama, etc....". Dichas justificaciones reflejan que las mujeres siguen actuando como en el pasado; vale decir, sin reconocer su autoestima y el respeto a sus similares. Dentro de esta concepción de la vida, poco se puede esperar que haya mejoras en la sociedad. Un mundo de infidelidades y hogares disfuncionales no son buen inicio para una sociedad armoniosa y justa.

Capitulo 17

Los medios de comunicación masiva y su trato a las mujeres

En la era cibernética que vivimos la mujer ha mantenido un lugar cuestionable en cuanto a revalorización e integración. Si bien existen avances substanciales todavía se observan patrones de comportamiento que ahondan los problemas femeninos. El control de los medios de comunicación masiva por las grandes corporaciones ha propiciado y tergiversado la falta de información respecto al tema. El problema es amplio y tiene muchos intereses económicos de por medio que lo controlan y tergiversan.

En el siglo pasado las mujeres han creado condiciones positivas para proteger y propiciar su inclusión en la sociedad a través de los medios de comunicación pero han sido esfuerzos aislados que no dejaron de ser anecdóticos. Por ejemplo, poco se ha difundido que en los inicios del cine mujeres de todas partes del mundo contribuyeron con su aporte intelectual al desarrollo de este nuevo arte. A principios del siglo XX, las escritoras y directores en Hollywood eran mayoritariamente mujeres. Fue con la depresión de los años 30 y la crisis de los mercados en el lado Este de Estados Unidos que hambrientos inversores tornaron sus ojos a California y desplazaron al elemento femenino de un medio en donde sí se había notado el aporte, la otra visión del mundo en busca de un mundo mejor. Las heroínas eran reales, las modas reflejaban la realidad femenina. Lamentablemente eso cambió cuando se formaron las grandes productoras con toda su maquinaria en donde la mujer fue más cosificada que nunca.

La situación fue de mal en peor, luego con la televisión se continuaron patrones en donde la mujer como objeto sexual fue el "leit motive" de las historias y espectáculos. Los programas del lejano oeste, ensalzaban el machismo de sus héroes y la mujer desempeñaba un rol decorativos en donde generalmente era presentada como la chica del "saloon " (cantina) o la abnegada esposa, ignorante del mundo exterior.

De otro lado, en países de habla hispana por ejemplo, las telenovelas proliferaron con su efecto devastador. Herederas de las famosas radionovelas, estos engendros sirvieron para perpetuar roles que siguen siendo el entretenimiento de millones de hombres y mujeres quienes muchas veces trasladan estos comportamientos a la realidad. Pero este negativo fenómeno en realidad es un problema mundial.

Todavía, hoy en día permanecen los "horarios femeninos" con temas "femeninos" que incluye las telenovelas y que priman en la programación dedicada a la mujer. Peor aún, en los últimos años están proliferando canales dedicados completamente a la difusión de telenovelas . En esas "historias de la vida real" vemos que en una forma más sofisticada se siguen promocionando comportamientos reñidos con los tiempos actuales. Las telenovelas, especialmente mexicanas y colombianas, siempre con intrigas, en donde la rivalidad de las mujeres por obtener el trofeo (llámese hombre o reconocimiento social), es la trama básica de sus historias. Como consecuencia estos patrones de comportamiento se trasladan a la vida real y son asumidos por muchas féminas de cualquier origen socio-económico especialmente en los centros de trabajo. La manida historia de la cenicienta es otro tema que se repite de mil formas y que todavía capta audiencias ignorantes del mensaje subliminal que estos programas contienen cuales son, dependencia, postración y baja autoestima.

Pocas veces se dan historias en donde las mujeres se ayudan, son amigas, son aliadas. Si lo son es para alguna acción en contra de un hombre o para conseguir ventajas pero no como valores intrínsecos de su género.

Cómo controlar esta influencia? Resulta difícil dar recetas para detener la avalancha de desinformación y manipulación de los medios. La presencia de personajes reñidos con la esencia humana de las mujeres y que se convierten en iconos para las nuevas generaciones es un tema que merece mucha atención. En estos casos son necesarias acciones dignas de imitar como la de la feminista Gloria Steinen quien con sus protestas hizo que se cancelara el programa televisivo "Playboy" el cual trataba de dar un idealizado concepto de las jóvenes que trabajaban en los famosos clubs de las conejitas.

Si evaluamos la imagen que la mujer ofrece en los medios de comunicación nos encontramos frente a una mezcla de mujer-objeto súper sexual y súper mujer capaz de hacer de todo y para todo con tal de conseguir sus propósitos. Estas mujeres son presentadas como que son capaces de tenerlo todo trabajo, familia, dinero, etc. Este prototipo de mujer no sabe practicar estilos de vida o objetivos realistas y morales. Y este prototipo no es exclusivamente producto de un medio determinado, con ligeras variantes en todos los medios este es el modelo que se presenta como real de la mujer en el siglo XXI.

En ese sentido la información y difusión de valores morales a través de medios no convencionales se presenta como una alternativa para contrarrestar esta avalancha que está destruyendo los cimientos mismos de toda sociedad.

¿Qué rol tienen un comportamiento realístico, moral, así como las buenas maneras en este contexto? Relaciones armoniosas permitirán la difusión de información respecto a la importancia de crear vínculos para el desarrollo armónico de la sociedad. Si las mujeres se tratan mejor entre ellas , una corriente de autoestima y respeto las hará más fuertes como grupo en la sociedad.

Es oportuno indicar ciertas actitudes que sí ayudaría a frenar esta negativa corriente entre las féminas.

- Denunciar y anular el auspicio ya sea como auditorio o como participante de certámenes en donde se denigra a la persona para tener un trofeo o la atención de unos segundos es un esfuerzo que debemos propiciar. Es el caso de los "reality shows" , "talk shows" y concursos de belleza donde las mujeres no conscientes son la principal atracción.

- Cuestionar personajes y programas reñidos con la condición humana. La proliferación de concursos infames, ¨talk-shows¨, ¨reality shows¨ . También programas que propician la comicidad denigrante que ridiculiza a los seres humanos. Se puede observar que personas con baja autoestima y que desean un minuto de fama, especialmente jóvenes tienen que exponer bajos instintos para poder participar de estos programas. Así se observan mujeres tratadas como objetos sexuales , comportamientos éstos que son usados como ejemplos entre gente deseosa de modelos alternativos de conducta. En consecuencia imitan lo que creen que es aceptable y popular.

- Justificando la denigración de la mujer y otras minorías ha sido un comportamiento histórico de los medios tradicionales de comunicación al presentarlos como seres inferiores incapaces de defenderse o de ganarse un lugar de respeto en la sociedad y así justificar su postración. A pesar de las leyes y progresos de los últimos 30 años existen niveles en donde el progreso no ha llegado y a ese nivel se dirigen los cuestionables programas como los que comentamos.

- El seguimiento de los medios usando la agresión de la mujer por la mujer es un recurso muy usado en épocas recientes. Agregado a la sutileza del uso de la defensa de la víctima muchas veces se influencia todo tipo de audiencias y generalmente no en forma positiva.

- Observar mujeres actuar a niveles básicos de la condición humana en los medios de comunicación se propicia una falta de respeto a nuestro prójimo y a nosotros mismos.

- Si las mujeres nos miramos con respeto sería mucho más difícil el abuso y avasallamiento mediático. Tampoco podemos olvidar de quienes inescrupulosamente viven de la situación de postración no sólo de mujeres sino de pueblos en general y muchos de ellos están en el círculo de los medios de comunicación masiva.

- Si las mujeres aprendemos a querernos y reconocer el valor de otras féminas, no proliferarán programas, organizaciones o cualquier mentira organizada para seguir perennizando nuestra exclusión en la sociedad. Porque una cosa es la existencia de leyes, de cuotas y de miles de formalismos que la sociedad crea, pero si no se siente, si no se ejerce conscientemente, esos avances quedan en el papel y no se cumplen en la realidad.

Capitulo 18

Relación entre mujeres de minorías etno-culturales

De acuerdo a mi observación, las mujeres son mucho más discriminatorias que los hombres, especialmente cuando se trata de relaciones entre diferentes culturas. En el espectro social del siglo XXI, a pesar de existir una mayor interculturalidad, todavía existen individuos prejuicioso y racistas siendo las mujeres las que juegan un rol determinante sea cual fuere su origen.

Recientemente tuve la oportunidad de conversar con una dependiente de una cadena de tiendas de vestir en Estados Unidos. La señora era de origen mexicano y al ver las colas para atender al público le pregunté sobre la falta de personal. Me informó que desde que habían puesto a una supervisora de origen latino, ésta las hacían trabajar más y las agredía verbalmente. Ellas tenían que hacer labores ajenas a sus contratos; la nueva jefa no respetaba sus calificaciones y las subestimaba . Siendo dependientas muchas veces las obligaba a limpiar los baños y barrer la tienda. A pesar que la gerencia había ofrecido aumentar el personal, ella decía que no era necesario y que las ¨ latinas eran ociosas y había que hacerlas trabajar ".

Personalmente he tenido malas experiencias con mujeres pertenecientes a diversas minorías en Estados Unidos de Norteamérica, al igual que con las de origen anglo. Recuerdo que trabajando en el Condado de San Diego, California, para un programa de ayuda a personas de bajos recursos, especialmente hispano parlantes, tuve la oportunidad de comprobar los prejuicios existentes entre los mismos latinos así como entre mujeres de grupos minoritarios. Las relaciones no fueron fáciles y era un ambiente muy difícil para trabajar efectivamente.

Desafortunadamente ese es un pequeño ejemplo de la falta de solidaridad entre minorías y, especialmente entre mujeres. Especialmente cuando una mujer de una minoría alcanza una posición de poder, todas sus inseguridades, frustraciones y falta de conciencia social se ven reflejadas en el desprecio por el mismo grupo una vez que se ha alcanzado cierto poder.

En esencia es la falta de reconocimiento y respeto a si misma que hace una mujer tratar a menos a sus semejantes, independientemente de género. Es aún peor cuando ambas pertenecen a grupos discriminados y con limitaciones para incorporarse a la sociedad.

El tema es muy amplio y exige un estudio minucioso del mismo, pues no sólo es ofrecer leyes como marco de referencia, sino , de otro lado, el abuso de estas disposiciones por grupos minoritarios. Tal es el caso, por ejemplo, en Estados Unidos de la llamada " ley de acción afirmativa" que en el pasado permitió a inmigrantes, (entre ellos hispano parlantes –en su mayoría cubanos y mexicanos) a tener acceso a Universidades y centros de trabajo gubernamentales. Desafortunadamente esos mismos beneficiados se convirtieron –salvo honrosas excepciones- en enemigos de sus propios grupos. Por ejemplo, los beneficiados de esta ley siguieron con los prejuicios de los que fueron víctimas e hicieron su base de datos para una vez en el poder restringir y encontrar obstáculos para mejorar las condiciones socioeconómicas de sus iguales minoritarios. Lamentablemente una ley que era para promocionar a las minorías fue usada en contra de los supuestos beneficiados. (A muchos de ellos, sarcásticamente se le llama cocos: marrón por fuera, blanco por dentro, generalmente son personas nacidas en Estados Unidos de padres latinos de bajos recursos y educación mínima y que proyectan las limitaciones de sus orígenes hacia los nuevos inmigrantes). Y, muchas mujeres latinas encajan en esta descripción.

De otro lado, las mujeres de grupos minoritarios con la excusa de supervivencia olvidan su esencia y se convierten en canales de perpetuación de discriminaciones e injusticias. ¿cómo erradicar estos comportamientos?. Es difícil encontrar soluciones por cuanto la dinámica de toda sociedad no permite, -especialmente con las minorías-, establecer programas educativos en donde se enseñe y fortalezca la autoestima, requisito básico para un trato más digno entre las mismas mujeres de ese grupo. La revaloración de sus tradiciones, sin exageraciones o chauvinismo es urgente. Y, muy especialmente una intensa educación a las nuevas generaciones respecto a que los de su grupo étnico merecen respeto, apoyo y reconocimiento. De esta forma se podrá esperar un cambio de conciencia que permita un mejor trato entre las féminas del mismo grupo migratorio.

En el caso específico de Estados Unidos, la existencia de canales en español que perpetúan modelos de comportamiento reñidos con el avance de las mujeres es un gran obstáculo para el logro de una mayor integración de las hispanas a la sociedad estadounidense. Mientras estos entes mantengan programas con modelos de auto discriminación y relegación del sector hispano, muchas latinas serán negativamente influenciadas y mantendrán una situación de desventaja en la sociedad. En otras palabras, la proliferación de estaciones radiales, canales de televisión y prensa en general usados por las minorías como un medio de conexión entre sus comunidades son pobremente usados por los productores y sólo sirven para aislar más a los grupos minoritarios que los siguen.

Las comunidades extranjeras en países como Estados Unidos o los europeos, frenan muchas veces su aceptación en esas sociedades cuando sólo recurren a estos medios de comunicación. Como consecuencia estos medios han causado más daño que beneficio. En otras palabras los medios de comunicación de las minorías han ahondado las diferencias de los grupos migratorios, perpetuando su irreparable aislamiento. Por ello los grupos minoritarios deben saber que esos canales son sólo entretenimiento y tienen limitaciones y repercusiones negativas. Y que la vida real no es presentada tal como es en estos medios y tener en cuenta que la educación formal es la llave para enseñar a la gente a respetarse y practicar la solidaridad entre si.

Capítulo 19

Trato Intergeneracional entre mujeres

La relación entre mujeres es difícil por la presión externa. Además, no existiendo parámetros de comportamiento entre ellas la relación muchas veces se complica, especialmente cuando dos mujeres de diferentes grupos generacionales se encuentran en diferentes circunstancias de la vida.

Generalmente cuando la mujer es mayor, cree que tiene la llave de todas las respuestas y minimiza la capacidad de la menor. Y, si la menor quiere destacar menosprecia y disminuye las cualidades de la mujer que por su edad ya no puede como ella usar su cuerpo y belleza para atraer atención y apoyo. No se da en todos los casos, pero es la generalidad. La cuestión es que si sus relaciones están basadas en los patrones tradicionales de apariencia externa, rivalidad y falta de lealtad, fácilmente van a caer en enfrentamiento entre ellas.

El envejecer con dignidad y graciosamente es un reto para todo individuo, al margen de su sexualidad. Hoy en día, los avances científicos permiten una mayor expectativa de vida y por ende los límites del pasado han sido ampliamente superados. Así vemos personas mayores de 60 años activamente en el área laboral y muchas veces sobrepasan los setenta años.

Todos estos cambios de las últimas décadas han generado nuevas perspectivas en cuanto al comportamiento especialmente de la mujer. En una sociedad donde se da gran importancia al aspecto externo y se es mucho más exigente con las féminas, esto crea frustraciones y actitudes negativas que se reflejan en el trato con sus similares. Cómo evitar esta corriente cada vez más cruel y elemental. Simple y llanamente creando conciencia entre las jóvenes que la vida tiene diferentes ciclos de los cuales nadie está exento. Así como se enseñan formas para vivir mejor, también debe indicarse cómo envejecer mejor. Todos en mayor o menor medida desde que nacemos envejecemos y eso pocas veces lo recordamos.

En esencia el respeto por nosotras mismas es la clave para tratarnos mejor. Respetar las canas y respetar a la juventud es una ley básica para una relación exitosa entre diferentes generaciones de mujeres. Muchas mujeres exigen de las más jóvenes lo que no les ofrecen a ellas.

Es bueno recordar que una cirugía plástica no esconde los años, los retrasa. Además es una opción mas no una obligación. La actriz Sally Field en una entrevista reciente expresó que no se haría cirugía plástica a pesar que no le gusta el estado de su cuello. Ella ha pasado la barrera de los 60 y luce naturalmente hermosa. Julia Roberts también se ha unido al grupo de estrellas que cuestionan las cirugías para aminorar el paso de los años, pues no es natural y va contra nuestra esencia humana. Loable acción de estos iconos pues así transmiten el mensajes en contra de una práctica que en última instancia distorsiona nuestra realidad.

Es importante recordar :

- Que ser mayor no significa licencia para todo
- Que ser joven, no significa soy mejor y ofrezco más
- Que ser joven no implica tener más derecho, porque los viejos ya vivieron.

Mientras estemos vivas y tengamos la esperanza de un mundo mejor, todas tenemos el compromiso de aceptarnos, y contribuir con nuestro comportamiento a un mundo más armónico y justo. La edad no debe ser un obstáculo, sino un puente de entendimiento.

Reflexiones finales

Por siglos las mujeres hemos estado divididas espiritualmente. Desconocimiento, limitaciones del lenguaje, falta de educación y comunicación; en fin, miles de motivos, un solo resultado: Hemos y seguimos siendo postergadas. Esas limitaciones ancestrales tienen graves consecuencias, pues tanto en los llamados países industrializados como los menos desarrollados, las mujeres no cumplen su función de agente por el cambio. Los casos individuales de reconocimiento son prácticamente borrados ante la cantidad de mujeres denigradas y olvidadas.

No es tiempo de lamentaciones, debemos ser conscientes que el mayor cambio debe surgir desde nosotras mismas. Apreciándonos, reconociéndonos como seres humanos con diferente visión de la vida, pero con el solidario deseo que las generaciones futuras de féminas contribuyan positivamente a un mundo mejor.

La existencia de leyes que protegen a las mujeres no es garantía para un cambio cualitativo de la sociedad actual, el cambio viene desde dentro de nosotras mismas. Con una mayor autoestima las mujeres nos respetamos a nosotras mismas y a nuestras semejantes. Una educación igualitaria, sin discriminaciones de sexo o etnia son básicas para un comportamiento idóneo en donde el marco legal sea eso y no un cuadro de adorno para uso demagógico de políticos mediocres e incompetentes.

El respeto viene de nosotras mismas; cuando nos tratemos de igual a igual, con cortesía y lenguaje apropiado entonces podremos decir que vamos en la dirección correcta. La importancia de cómo nos tratamos las mujeres es vital, sin olvidar que somos parte de un todo y que los hombres también deben aprender a incluirnos de igual a igual. Eso será posible si contribuimos con un comportamiento gentil y solidario entre nosotras mismas. No olvidemos que la caridad no habla de sexo. Un mundo sin dominaciones de uno u otro sexo garantizará sociedades justas. Si nos respetamos, si contribuimos a sociedades armónicas y recordamos que el amor hacia nuestro prójimo es universal, entonces podemos pensar que vamos progresando como seres humanos en general.

Anexo 1 (Lenguaje no Discriminatorio)

Ejemplos de soluciones propuestas por la UNESCO

Casos: El masculino utilizado con valor genérico

      A)el caso del hombre o los hombres

(Usos Corrientes) El hombre (o los hombres),

(**Posibles soluciones**) Los hombres y las mujeres, la humanidad, el género humano, la especie humana, las personas, los seres humanos.

Comentario: Evitar la utilización de el hombre o los hombres con valor genérico

(Usos corrientes) Los derechos del hombre

(**Posibles soluciones**) Los derechos humanos, los derechos de la persona.

Comentario: Fuera del contexto de la "Declaración Universal de Derechos Humanos de las Naciones Unidas", se sigue utilizando con frecuencia tanto en lenguaje hablado como escrito, la expresión "derechos del hombre"

(Uso corriente) El cuerpo del hombre

(**Posibles soluciones**) El cuerpo humano

(Uso Corriente) La mente o la inteligencia del hombre

(**Posible soluciones**) La mente o la inteligencia humana

(Uso Corriente) El hombre medio, el hombre de la calle

(**Posibles soluciones**) Las personas corrientes, las personas en general, el común de las gentes, la mayor parte de la gente o la gente en general

(Uso corriente) Hombre de negocios

(**Posibles soluciones**) Los hombres y las mujeres de negocios, o la gente de negocios.

(Uso corriente) Hombre de letras

(**Posibles soluciones**) Los hombres y las mujeres de letras, los literatos y las literatas o la gente de letras

(Uso corriente) Hombre de estado

(**Posibles soluciones**) Estadista, los/las estadistas

Comentarios: Nombre del género común que designa ambos sexos.

B) Otros casos:

(Uso corriente) El niño (por ejemplo los derechos del niño)

(**Posibles soluciones**) Los derechos de la infancia

(Uso corriente) El candidato (uso frecuente en el lenguaje administrativo)

(**Posibles soluciones**)Los/las candidatos/as, o las personas que presenten su candidatura

(Uso corriente) el alumno (uso frecuente en los manuales de clase)

(**Posibles soluciones**) Escribid, analizad, etc.

Comentario: Se propone sustituir la expresión: El alumno debe escribir (o analizar, etc); por el discurso directo.

(Uso corriente) Los niños

(**Posibles soluciones**) Los niños y las niñas, la infancia

Comentario: Utilizar también el correspondiente nombre femenino, o caso de existir, un nombre colectivo.

(Uso corriente) Los muchachos, los jóvenes

(Posibles soluciones) Los muchachos y las muchachas, los jóvenes y las jóvenes, la adolescencia, la juventud.

(Uso corriente) Los ancianos

(**Posibles soluciones**)Los ancianos y las ancianas, las personas ancianas, las personas de edad (o de edad avanzada), la vejez, la senectud.

(Uso corriente) Los adultos

(**Posibles soluciones**) Los adultos y las adultas, las personas adultas o las personas de edad adulta

(Uso corriente) La educación de adultos (uso frecuente en la UNESCO)

(**Posibles soluciones**) La educación de personas adultas

(Uso corriente) Los profesores

(**Posibles soluciones**) Los profesores y las profesoras, el personal docente, el profesorado.

(Uso corriente) Los alumnos

(**Posibles soluciones**) Los alumnos y las alumnas. El alumnado.

(Uso corriente) Los electores

(**Posibles soluciones**) Los electores y las electoras. El electorado.

(Uso corriente) Los funcionarios de la UNESCO

(**Posibles soluciones**) Los funcionarios y las funcionarias de la UNESCO, el personal de la UNESCO

(Uso corriente) Los funcionarios internacionales

(**Posibles soluciones**) El funcionario internacional

Comentarios: Funcionariado no figura en el Diccionario de la Real Academia de la Lengua Española, pero se utiliza frecuentemente en el lenguaje hablado y también escrito. Nada se opone en las reglas de la gramática española a la formación de este nombre colectivo, según el modelo de otros como profesorado.

(Uso corriente) Los mexicanos, los peruanos, etc.

(**Posibles soluciones**) Los mexicanos y las mexicanas, los peruanos y las peruanas, o el pueblo mexicano, o peruano, etc.

Casos: Las mujeres aparecen como apéndices de los hombres

(Uso corriente) Los embajadores (o los delegados) y sus esposas

(**Posibles soluciones**) Los embajadores y las embajadoras (o los delegados y las delegadas) y sus cónyuges.

Comentario: No hay que dar por sentado que la persona que desempeña el cargo es siempre un hombre. La palabra cónyuge tiene la ventaja de ser un nombre común que designa ambos géneros.

(Uso corriente) Los trabajadores migrantes y sus familias (uso frecuente en la UNESCO)

(**Posibles soluciones**) La población trabajadora migrante

Comentario: Engloba a todos los miembros de la familia

(Uso corriente) Él y su mujer

(**Posibles soluciones**) Emplear alternativamente él y su mujer, y ella y su marido, y alternar en el discurso los prenombres personales masculinos y femeninos. Ella y él, (o él y ella).

Comentario: Establecer una relación de igualdad

Casos: Nombres, apellidos y tratamientos.

(Uso corriente) La Thatcher y Bush

(**Posibles soluciones**) Thatcher y Bush, o la Sra. Thatcher y el Sr. Bush

Comentario: Evitar la designación asimétrica.

(Uso corriente) Asistieron a la reunión el Sr. López y la Sra. Pérez y la Srta. Rodríguez.

(**Posibles soluciones**) Asistieron a la reunión las Sras. Pérez y Rodríguez y el Sr. López.

(Usos corrientes) María García de López, o Sra. de López

(**Posibles soluciones**) María García o María López, o Sra. García o Sra. López.

Comentario: Utilizar el nombre de soltera, o el de casada (las mujeres así lo prefieran), pero en el segundo caso suprimiendo el "de" que indica dependencia o subordinación.

Casos: Títulos, carreras, profesiones y cargos de prestigio.

(Uso corriente) Carmen González, abogado, o médico, o ingeniero, o ministro, o embajador, o diputado, o concejal , etc.

(**Posibles soluciones**) Carmen Gonzáles, abogada o médica, o ingeniera, o arquitecta, o ministra, o embajadora, o gobernadora, o diputada, o concejala, etc.

Comentario: Evitar el uso del masculino para designar profesiones, carreras, o cargos de prestigio, que tienen su correspondiente forma femenina.

(Uso corriente) El/la abogado, el/la médico, el/la arquitecto, el/la ministro, el/la embajador, el/la gobernador, el/la diputado, el/la concejal, etc., Sra. Pérez.

(**Posibles soluciones**) La abogada, o la médica, o la ingeniera, o la arquitecta, o la ministra, o la embajadora, o la gobernadora, o la diputada, o la concejala, etc. Sra. Pérez

Comentario: Evitar el uso del nombre masculino, precedido del artículo "el", para designar profesiones o cargos que tienen su correspondiente forma femenina. En el caso del nombre masculino, precedido del artículo femenino "la", establecer la concordancia del nombre que designa la profesión, o el cargo, con el artículo femenino.

(Uso corriente) El/la fiscal, el/la magistrado, Sra. López

(**Posibles soluciones**) La fiscala , o la Magistrado, Sra. López.

Comentario: Los términos femeninos "fiscala" y "magistrado" no están aprobados aún por el Diccionario de la Real Academia de la Lengua Española, pero son de uso frecuente, tanto en el lenguaje hablado como escrito.

Casos: Uso discriminatorio del femenino para designar profesiones y oficios inferiores, y la del masculino para profesiones de prestigio

(Uso corriente) Las limpiadores o las mujeres de la limpieza.

(**Posibles soluciones**) El personal de limpieza.

Comentario: También hay "hombres de limpieza"

(Uso corriente) Las Mecanógrafas

(**Posibles soluciones**) Las mecanógrafas y los mecanógrafos. Los transcriptores, el personal de transcripción.

Comentario: En muchos servicios administrativos, incluidos en los de la UNESCO , hay también "mecanógrafos"

Bibliografía

"Etiquette .El libro azul de uso social" ,Emily Post (1922)

"Revolución dentro de si, Un libro de autoestima", Gloria Steinem.(1991)

"La Hermandad Americana", Wendy Martin (1972)

El Segundo Sexo.....Simone de Beauvoir (1948)

Simone de Beauvoir, Una biografía. Deirdre Bair (1990)

"El corazón pensante, retazos de la amistad entre mujeres", Elaine Audet (2000)

"El Hombre hizo el Lenguaje", Dale Spender (1980)

"Sexismo Lingüístico. Análisis y Propuestas ante la discriminación sexual en el lenguaje". M.A. Calero Fernández (1999)

"Ideología sexista y lenguaje". A.V. Cátala González y E. García Pascual (1995)

"El lenguaje sexista en los medios de comunicación". Susana Guerrero Salazar (2002)

"Hacia un lenguaje no sexista en la comunicación digital". Susana Guerrero Salazar (2011)

Lynks

http://www.onlinewomeninpolitics.org

http://www.womeninworldhistory.org

http://www.Fordham.edu/halsall/women/womensbook/asp

http://www.Feminism.eserver.org

http://www.essortment.com/history_etiquette

http://www.en.wikipedia.org/wikie/gender_neutrality_in_English

http://www.rae.es

http://www.unesdoc.unesco.org

http://www.sisyphe.org

Gladys Morales-Smith

Acerca de la autora:

Gladys Morales-Smith, es peruana. Periodista de vocación y formación académica, ha ejercido el arte de escribir para las mayorías por varias décadas. Igualmente como diplomática ha laborado en varios países de Latinoamérica y en Estados Unidos de Norteamérica. Además, tiene Licenciatura en Relaciones Internacionales, Cursos de Post Grado en Sociología y Negocios Internacionales.

Su interés por la problemática femenina se remonta a los años 70 cuando en ese entonces, en el Perú, por primera vez gracias a la socialización de los diarios, se dedicó una página para resaltar los valores y logros de la mujer peruana . La tradicional página femenina fue reemplazada por una dedicada a dar a conocer el aspecto intelectual de las féminas, dura tarea que fue desvaneciéndose con el tiempo y los intereses de siempre. Personalmente la semilla siguió creciendo en ella y, desde ese entonces la curiosidad periodística de la autora se volcó en busca de respuestas a tantos años de postergación y desengaño. Han pasado casi cuatro décadas y el tema es más complejo que nunca. El presente libro es resultado del conocimiento adquirido por la autora en temas femeninos y su publicación plasma su deseo de contribuir con soluciones a una situación donde las mujeres todavía están relegadas de un progreso real cual es: un mejor trato entre ellas mismas.

La autora espera que en el futuro la educación y el incremento del autoconocimiento y confianza de las mujeres permitan que éstas contribuyan positivamente en el cambio hacia sociedades justas y equitativas.